정리는 깔끔하게, 일상은 미니멀하게

공방 창업합니다

정리는 깔끔하게, 일상은 미니멀하게 공방 창업합니다

초판 1쇄 인쇄 2022년 10월 31일
초판 1쇄 발행 2022년 11월 7일

지은이 양정빈

발행인 백유미 조영석
발행처 (주)라온아시아
주소 서울특별시 서초구 효령로34길 4, 프린스효령빌딩 5F

등록 2016년 7월 5일 제 2016-000141호
전화 070-7600-8230 **팩스** 070-4754-2473

값 17,000원
ISBN 979-11-92072-99-9 (03320)

※ 라온북은 (주)라온아시아의 퍼스널 브랜드입니다.

양정빈 지음

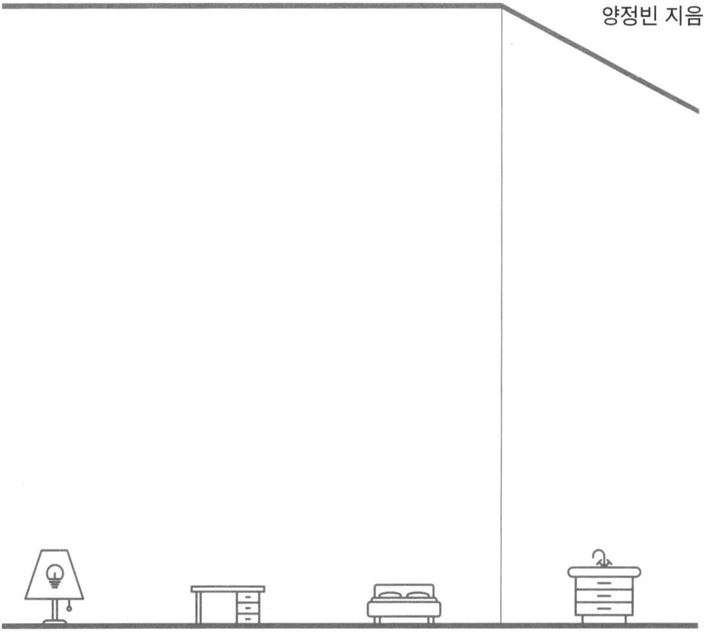

정리는 깔끔하게, 일상은 미니멀하게

공방 창업합니다

RAON
BOOK

프롤로그

나는 미니멀 라이프를 실천하며 살아가고 있다. 미니멀이라고 해서 딱히 엄격하거나 강건하게 속박하는 것은 아니다. 그냥 주변을 정리하면서 내가 집중해야 할 것들을 찾아가는 과정일 뿐이다.

세계관은 사람마다 조금씩 다르며 크든 작든 분명 삶에 영향을 준다. 미니멀 라이프는 많은 삶의 방식 중에 단순함을 추구하고 행복감이나 만족감 그리고 기쁨을 느끼기 위한 작은 세계관이다.

바쁜 현대인이 '소소하지만 확실한 행복(소확행)'을 추구하는 것은 어찌보면 당연한 것이다. 소확행은 일본의 소설가 무라카미 하루키의 에세이 《랑겔한스섬의 오후》(김난주 역, 백암, 1998)에서 처음 쓰인 말로 갓 구운 빵을 손으로 찢어 먹을 때, 서랍 안에 반듯하게 정리되어 있는 속옷을 볼 때 느끼는 작은 즐거움을 이야기했다.

나는 이런 소확행을 찾아가는 과정이 미니멀 라이프인 것 같다. 소확행은 삶을 깊숙하게 바라보지 않으면 찾기 힘들다. 다양하고 스펙터클한 하루 중에서 무언가의 즐거움을 누린다는 것은 감정적으로도 쉬운 일이 아니다. 무엇보다 확실한 즐거움이어야 한다.

나는 전형적인 오피스걸로, 프로그래머라는 직업을 가지고 있었다. 불행 중 다행인지 일하는 것이 매우 좋았다. 적성에 맞기도 했고 일이지만 놀이하는 것처럼 즐길 수 있는 일이었다. 그런데 이것도 과부하가 오기 시작하니까 몸에 무리가 왔고 어느 순간 하루 일과가 힘들어졌다. 이때는 주변 환경이 바뀌던 시기였고 나의 삶에 대해 여러 가지 고민 끝에 결국은 사직서를 썼다.

IT업계에서는 경력이 15년이 넘는 전문 인력이었지만, 회사가 아닌 다른 곳에서는 활용할 만한 기술이 없었다. 일상적인 생활에 대한 지식도 전혀 갖고 있지 않았다. 일상적인 생활이란 거창한 걸 말하는 건 아니다. 청소나 세탁, 부엌일 같은 것들을 제대로 배운 적이 없고 그냥 어깨너머 상식으로 어설프게 해온 것이 전부였다. 생애 처음 우리 집과 우리 공간이 생겼을 땐 정리도 안 되고 정돈도 어려웠다. 집에 있는 많은 집기들을 보면서 '제각각 기능이 있을 텐데', '어느 위치에 있을 때 활용도가 높을 텐데'라는 생각을 하면서 공부를 하게 됐다. 이제는 기본적으로 해오던 것들에 대해서도 진지하게 다시 배우는 마음가짐이 필요하겠다고 생각한다.

그러면서 발견하게 된 나만의 소확행은 바로 '취미 생활'이다. 누구든지 무난하게 말하는 영화 보기, 독서하기, 친목 모임 하기 등이 아닌, 꾸준하고 확실한 행복을 느끼기 위해 취미 생활을 해나간다. 목적도 있고 목표도 있으며, 감성을 키우는 확실한 취미 말이다.

다양한 취미 생활에 도전하면서 새로운 기회가 찾아왔다. 살아오면서 누구에게나 몇 번의 기적 같은 기회가 온다. 누구는 타이밍이라 말하고 누구는 능력이라 말한다. 기회를 잡기 위해서는 능력을 갖춰야 하고 기회를 볼 줄 알아야 하며 타이밍을 잡을 수 있어야 한다. 나에게 있어서는 이 기회가 '모든 키워드의 조합'이라 말할 수 있다.

이처럼 능력을 갖추지 못해도 기회가 왔을 때 도전할 용기가 있어야 하고, 기회가 없어도 기회가 오도록 성실히 능력을 쌓아가야 한다. 스스로 자신에게 집중하면 어느 순간 타이밍이 왔다는 게 느껴진다. 이런 기회들은 그냥 오는 것이 아니다. 늘 꿈을 찾아야 하고 소소하더라도 무언가를 성취해나가는 기쁨을 알아야 한다.

꿈은 중요하다. 이루려고 하는 것도 중요하지만 이루지 못해도 계속 꿈꾸는 것이 필요하다. 무언가를 가슴에 품는다는 것은 작게나마 열정을 주기 때문이다. 무엇보다 즐겁고 재미있는 삶을 살려면 여러 가지 꿈이 있어야 한다. 게임하듯이 하나씩 이루어가는 것이 매우 중요하다. 무미건조함 뒤에 작은 불씨를 놓치지 않았으면 한다. 작은 불씨라도 언젠가는 활활 타는 큰불이 되고 내가 가마가 되어야 하는 날이 올 수도 있을 테니까.

나에게 있어서는 지금의 미니멀한 삶이 인생에 안정감을 주고 좋은 기운을 가져다 준다. 매일이 안정적이고 좋은 것은 분명 행복한 삶이다. 그렇기에 이 기쁨을 다른 이들에게도 알려주고 싶어 이 책을 집필하게 됐다. 혹시 미니멀 라이프에 대한 편견이나 잘 몰라서 주저했던 것들이 있다면 이 책을 통해 고민해 보길 바란다.

공방 창업을 향한 목표를 이뤄가는 과정에서 느끼고 배운 것들은 삶에 많은 의미와 행복을 가져다주었다. 이 모든 것들이 좋은 인연들 덕에 맺은 결과라고 생각한다. 책이 나오기까지의 과정에서 좋은 기운을 듬뿍 주신 라온북에도 깊은 감사를 드린다.

양정빈

차 례

2장

미니멀한 '공간 습관', '생활 습관' 만들기

3장

미니멀 라이프 스타일이 내게 준 것들

공방 창업의 세계로 초대합니다

2부

1장

행복한 미니멀 라이프로 채워지는 나의 특별한 공방 생활

2장

공방 창업 프로세스 7단계

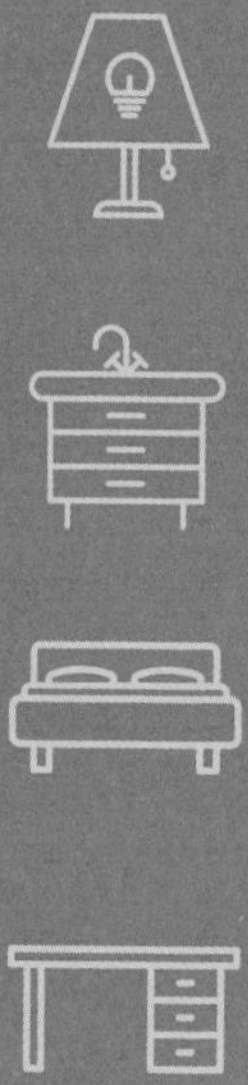

1부

우리에겐 미니멀 라이프가 필요하다

1장

행복한
미니멀 라이프의 시작

즐거운 인생을 사는 일이 더 중요해졌다

'욜로족', 일상에 물들다

욜로(YOLO, You Only Live Once)의 의미는 '인생은 한 번뿐이니 하고 싶은 것을 하고 즐기자'라는 뜻이다. 불확실한 미래를 걱정하며 대비하기보다 지금 이 순간을 즐기면서 살자는 정신이 사람들의 인생 모토로 자리 잡은 지는 꽤 되었다. 2022년 가을로 접어든 지금, 사람들은 예전만큼 '욜로'를 환호하는 분위기는 아니어도 대부분은 힘들이지 않고 즐겁게 살기를 바란다.

나는 적극적인 욜로족은 아니다. 하지만 '욜로 라이프'를 지향하는 한 사람이다. 내가 생각하는 욜로 라이프는 스스로의 삶을 즐길 줄 아는 삶이라 생각한다. 혼자 먹는 밥, 혼자 마시는 술, 혼자 하는 쇼핑, 혼자 하는 레저 등의 시간에서 즐거움을 느낄 줄 아는 것이다. 그 외 소비에서도 중요하고 가치 있다고 생각하는 것에 아낌

없이 투자가 가능한 삶이 바로 내가 생각하는 욜로 라이프다. 다른 이들에게는 필요 없는 것이어도 나에게 의미 있고 즐거움을 준다면 망설이지 않고 선택하는 것이며 곧 그것이 행복이 되는 것, 이게 내가 생각하는 욜로 라이프의 핵심이다.

그것 말고 전반적인 내 삶에서도 행복을 추구하고 즐거움을 찾아 느끼려는 삶 자체가 욜로가 아닌가 한다. 그러나 그런 삶을 영위하기 위해서 어떻게 해야 하는지조차 모르거나 막무가내로 정해진 답만을 찾으려고 하는 사람들에게는 욜로가 어렵기만 한 숙제가 될 것이다. 그런 분들은 삶을 수학 문제 풀 듯이 할 수 없음을 알았으면 한다.

무엇보다 중요한 것은 단 몇 분이라도 즐거움을 느낄 수 있는 무언가를 찾는 일이다. 이런 사소한 노력들이 쌓여야 나란 사람이 무엇을 통해 즐거움을 느끼고 행복감이 차오르는지 알게 된다. 결국은 경험이 있어야 하고 그 경험을 토대로 나 자신을 욜로 라이프를 즐기고 있는 '나'로 자신 있게 보여줄 수 있다.

그래서 나는 욜로족이기보다는 욜로 라이프를 즐기는 사람이며 과거에도 이를 위한 다양한 경험을 쌓아왔지만, 앞으로도 더 많은 경험을 해보려고 한다. 때론 잔잔하게 때론 활기차게, 때론 과감하게 도전하고자 한다. 그리고 무엇보다 현재를 마음껏 누릴 것이다.

영화 〈죽은 시인의 사회〉에서 키팅 선생은 말한다.

"카르페 디엠(Carpe Diem, 지금 이 순간에 충실하라)!"

그의 말대로 하루하루를 충실하게 최선을 다해서 산다면 후회

하는 삶은 없을 것이다.

내가 꿈꾸는 '파이어족'

욜로에 이어 최근 유행하는 것은 바로 파이어(FIRE)족이다. 파이어는 '경제적 독립, 조기 은퇴(Financial Independence, Retire Early)'의 줄인 말로, 일반적으로 40대 초반 전후에 은퇴를 꿈꾸는 이들이다. 나 역시 무늬만 파이어족이다. 실제로 40살 전에 프로그래머로서는 은퇴를 했다. 그렇지만 경제적 독립은 못 한 상태였기에 '얼리' 파이어족이 아닐까 한다.

유튜브, 블로그, 또 각종 커뮤니티 등에서 쏟아지는 무수한 정보를 읽다 보면 파이어족은 투자나 부동산으로 몇 억 이상 벌어야 가능하다고 한다. 꼭 파이어족이 아니더라도 40대라면 적어도 그 정도쯤은 되어야 한다는 말들을 많이 한다. 벌어놓아야 한다는 부담감이 소비 다이어트를 부추기고 있다.

나는 경제적인 측면에서는 절대로 완전한 파이어족이라 말하기는 어렵다. 그러나 꼭 목표로 정한 것을 이루고 성취해야만 성공한 것은 아니다. 목표를 향해 가는 과정과 길, 그 자체에 성공의 씨앗이 심겨 있다. 그 과정에서 성취감을 가지는 것은 각자 자신의 몫이다. 따라서 결과만 성취감을 주는 것이 아니라 목표를 향해 가는 과정에서도 얼마든지 성취감을 얻을 수 있다.

그런 면에서 나는 과정과 경험에서 오는 성취감을 매우 좋아한다. 그렇기에 실패담도 단지 실패한 이야기로 끝난다고 생각하지 않는다. 경험 측면에서는 실패하게 된 이유나 근거가 매우 중요한 정보로 남기 때문에 실패가 쌓였다고 해서 실패자는 아니다. 내가 매우 부족하고 부족한 '얼리' 파이어족을 택하면서 선택한 방법은 '미니멀리즘 생활 방식'이었다.

파이어족이긴 하되 자금력이 부족했기에 소비를 줄일 수밖에 없었다. 그렇게 해서 생활이 될까 싶었지만, 의외로 일상이 이상하리만치 편안하게 느껴졌고, '미니멀리즘' 자체에 대한 가치를 발견하게 되었다. 그래서 나는 욜로 라이프를 즐기는 미니멀리스트가 되었다.

욜로 라이프를 즐기는 일상은 자연스럽게 미니멀 라이프와 엮일 수밖에 없다. 욜로의 일상은 만족과 관련이 깊다. 만족감을 느끼려면 일상이 안정되어야 한다. 일상이 안정된다는 것은 취미나 약속, 이벤트 등의 일정을 제외한 모든 일정이 쳇바퀴 돌아가듯 한결같은 것이다. 그만큼 일상이 충실해진다.

이런 일상을 보내며 나는 여러 가지 취미로 욜로 라이프를 한껏 누리고 있다. 또 이 풍요한 욜로 라이프로 나만의 파이어족 라이프도 꿈꾸는 중이다.

욜로족이든 파이어족이든 어떤 이름을 붙이는 것이 중요하다고는 생각하지 않는다. 자신이 만족하고 자신이 즐길 수 있는 일상, 그것이면 충분하지 않을까.

'N잡'을 위한 나의 '행복 씨앗'

지금의 20, 30대는 똑똑하지 않은 사람이 없다. 더구나 재능이나 취미 하나 없는 사람도 드물 정도다. 관심도가 천차만별일 뿐이지 저마다 스마트한 삶을 누리고 있다. 그런 이들이 'N잡'이 불가능할까 싶다. 내가 보기엔 시대가 스스럼없이 N잡러를 만들고 있다.

일반인들이 접근하기 쉬운 다양한 플랫폼이 존재하고, 4차 산업혁명으로 가는 길목에서 정보가 넘쳐나고 있으며, 거기다 똑똑한 많은 사람들이 작은 용기 하나로 거머쥘 수 있는 것들이 즐비하다. 또한 정부에서도 스타트업에 많은 관심을 갖고 있기에 도전해서 조건만 맞는다면 지원도 쏠쏠하다. 어차피 트렌드를 넘어서 시대가 그렇다면 40대인 나도 도전해볼 만한 것이라는 생각이 든다. 어렴풋이 나이를 이유로 꺾이긴 싫다. 나도 이미 스마트 시대를 누리고 있는 한 사람인지라 뒤떨어진다는 생각도 하기 싫다.

그렇다면 나는 무엇을 할 수 있을까? 이미 이전에 프로그래머로 인터넷 세계는 질리도록 다루었기에 아날로그적 생활을 꿈꿔볼까 생각했다. 스마트 시대에 '아날로그'로 할 수 있는 것들을 찾아보았더니 '핸드메이드'가 있었다. 이전부터 꾸미고 만드는 일들을 좋아하고 있었는데 어쩌다 내가 만든 제품으로 마켓에 참여해봤더니 꽤 재미가 있었다.

이전에는 그냥 좋아하는 정도였지만 이젠 '직업'으로 목표를 만들어야겠다는 생각이 굳혀졌다. 주변에서도 내 센스를 높이 쳐주기도 했고 제품 하나하나에 내 손길이 닿는다는 것이 가슴을 쿵쾅 쿵쾅 뛰게 했다. 무엇보다 하나부터 열까지 전부 내 손을 거쳐야 한다는 것이 매력적이었다. 나는 전체적인 구조나 상황을 보고 기획하는 일을 좋아한다는 사실을 이미 이전에 알고 있었다. 회사원이었을 때에도 팀장으로 활약할 때가 제일 좋았다. 마치 이런 기회를 잡는 것은 당연하다는 듯이 여겨지기도 했다.

이처럼 스스로 관심과 기회가 생겼을 때 그것을 일로 삼아 똑똑하게 준비해 가면 'N잡'의 기회가 온다. 물론 나의 노력이 성공으로 꽃필지 아닐지는 알 수 없다. 중요한 것은 내가 하고 싶은 일을 찾아 꾸준하게 나아가는 것 그리고 나와 비슷한 생각을 가진 이들과 함께, 따로, 또 같이하며 행복의 씨앗을 뿌리는 일이다.

일상이 이벤트 그리고 공방

나는 신기하게도 늘 행복 수치가 왔다 갔다 한다. 이 말이 이상하게 느껴질 수 있겠지만, 그중에도 행복 수치가 늘 있다는 사실 자체가 우선 신기할 것이다. 기본적으로 나는 '행복감'이란 것을 오롯이 알차게 느낀다.

국립국어원 표준국어대사전에서는 행복감을 '생활에서 충분한 만족과 기쁨을 느끼는 마음'이라고 정의한다. '만족'은 마음에 흡족함, '기쁨'은 욕구가 충족되었을 때의 흐뭇하고 흡족한 마음이나 느낌이다. 결국 스스로의 욕구나 마음을 정확히 알 때 '만족'과 '기쁨'을 느끼고 행복감이라는 것을 온전히 가질 수 있다.

나는 이런 본능적인 감각들이 민감하게 전해져온다. 그러다 보니 스스로의 오감에 관해서는 충실하게 표현하는 편이다. 좋고 나쁘고의 관계나 적당한 정도나 미묘한 온도 등 모든 것이 예민한 편이다. 솔직하게 느끼고 좋아하는 만큼 수치로 따지면 하루에도 골백번 오르락내리락하는 것이다.

이런 일상이 나는 좋다. 그만큼 일반적인 일상도 특별하게 느낄 때가 많다. 그냥 하늘을 보는 것인데도 하늘에 떠 있는 구름 모양에 따라 가슴이 콩닥거리는 게 천차만별이다. 뭉게뭉게 구름을 보고 나면 또 어찌나 감동인지 여기가 현실인지 꿈속인지 헷갈릴 때도 있다.

사진을 찍다 보면 특별한 컷을 찍기 위해 동분서주하는데, 가끔은 아무것도 아닌 것을 무심코 찍었다가 정말 아름다운 컷이 나오면 그때의 기분은 말로 표현할 수 없다. 이럴 때마다 아름다운 것은 결코 멀리 있지 않다는 것 그리고 특별하지 않아도 감동이 있다는 것 세상에는 결코 아무것도 아닌 것이 없다는 것을 느낀다.

중요한 것은 내가 핸드메이드 작가가 되겠다고 마음먹은 그 순간부터 또 다른 세상이 펼쳐졌다는 것이다. 일상이지만 이벤트가 강한 하루의 시작이다. 내 작업실에 불을 켜고 둘러보고 있으면 빠르게 피가 도는 기분이 든다. 행복 씨앗으로 싹 트는 내 공간이 숨을 쉬기 시작한다. 이것이 내가 원하는 인생 제2막의 시작이다.

다양한 미니멀 세계관이 나에게 오다

5평짜리 생활이 주는 확장 세계

몇 해 전 5평 집에서 생활하는 뉴요커에 대한 기사를 읽은 적이 있다. 그때는 나도 어릴 때라 우리나라에서 집이 주는 무거움에 대해서 별로 생각이 없을 때였는데도 5평 집 기사가 엄청난 충격으로 다가왔다. 집값이 비싸기 때문에 효율적인 생활을 위해서 5평 집을 편리한 수납 구조로 가구를 짜 넣고 기본 생활만 가능하도록 만들어놓은 것이었다.

기사를 보니 이런 집에서는 편안한 휴식은 안 될 것 같았지만 실제로 회사를 출퇴근하면서 야근은 밥 먹듯 하고 주말에도 집에서 쉬기보다는 여기저기 돌아다니는 나로서는 불편함이 없을 듯했다. 말 그대로 잠만 자는 곳으로 부족함이 없었고 시내 한복판에 있는 위치라 주변에서 누릴 수 있는 도시 생활은 더없이 편해 보였다. 결국은 도시 생활을 누리는 데에서는 그 집이 꽤 괜찮은 집이라는 걸 깨달았고, 나에게 집은 필수 불가결이 아니라 도구에 불과하다는 것을 알게 되었다.

집은 인간의 삶에서 매우 중요한 요소다. 거주하는 공간이라는 의미에서뿐만 아니라 삶의 질을 좌우한다는 의미에서도 매우 중요하다. 그런데 생각을 조금만 바꾸면 삶의 질이라는 것과 거주의 요소라는 것이 반드시 넓은 공간을 의미하지는 않는다는 사실을 알게 된다. 넉넉지 않은 돈에 어차피 집세를 지불해야 한다면 굳이 넓은 곳이 아니어도 된다는 데에 생각이 미쳤다. 머릿속 생각을 바꾸면 자유로운 생활이 가능하다는 것을 깨달았다고나 할까.

이런 결론이 100% 맞는 것은 아니다. 그간 주거비가 많이 올라서 아무리 작은 원룸이라도 월세는 매우 높기 때문이다. 하지만 내가 어릴 때만 해도 '미니멀한 공간'이라면 주거비를 절약하는 일이 가능했다. 지금도 나는 자그마한 규모의 아파트에 살고 있다. 작은 집이어도 생활이 불편하지 않고 유지비가 적게 드니 그 외의 생활이 윤택하게 돌아간다.

금수저가 아닌 이상 내 형편을 고려한 선택이 내 삶을 윤택하고 평안하고 즐겁게 만들고 있다. 무엇보다 이 선택에 만족한다. 좀 더 나이가 들어서는 조금 넉넉한 집에서 살게 되겠지만, 현재 내가 무리해서 좋은 집을 꼭 살 필요가 없다는 데에 무엇보다 만족한다.

실제로 살아본 작은 집 생활

나는 일찍이 자취 생활을 시작했기에 작은 집 생활에 익숙하다. 그런 나도 어학연수차 일본에 갔을 때는 우리나라 작은 집은 작은 집 축에도 끼지 못한다는 생각을 하게 되었다.

좀 늦은 나이에 일본에 간 관계로 게스트하우스 같은 숙소에는 적응하기 힘들 것 같아서 원룸형 숙소를 선택했다. 일본은 임대할 때 까다로운 조건이 있다. 보증인이 필요한 것이다. 외국인일 경우에는 일본인 보증인이 필요한데 일본에 연고가 따로 없고 유학비자로 들어갔으니 집을 개인적으로 임대하기에는 무척이나 어려운 조건이었다. 그래서 외국인이 이용하는 보증회사 같은 곳이나 유학생을 대상으로 집을 빌려주는 업체를 통해 집을 구하게 되는데 나는 후자를 선택했다.

내가 들어간 숙소는 원룸형 빌라였다. 10평이 채 안 되는 공간에 2층 침대를 두고 2인이 생활하는 기숙사였다. 건물은 깨끗했고 도심과 조금 떨어졌어도 자전거로 다닐 수 있는 곳이 많기에 교통비를 줄일 수 있어서 월세가 비싸도 선택했다.

당시 일본에서 보낸 유학 생활은 나에게 집에 대한 또 다른 생각을 가져다주었다. 평수가 작으니 가전제품도 작고 무엇보다 욕실도 작았다. 그런데 그렇게 작은 공간이었는데도 실제 생활에는 그다지 불편하지 않았다. 작은 공간이지만 나름 필요한 건 다 갖추고 살 수 있다는 데 나는 무엇보다 놀랐다.

공간이 작다면 세면대도 작으면 되고 주방이 작다면 가스레인지를 1구나 2구짜리를 쓰면 되었다. 전자레인지가 반드시 식탁이나 조리대 선반에 있어야 하는 것은 아니며, 모든 가전을 다 갖추지 않아도 된다는 것을 나는 일본 유학 시절 체득했다. 이런 편견들이 깨지면 깨질수록 나는 더 자유로운 생각을 하게 되었다.

왜 그렇게 물건을 아등바등 갖추고 살려고 할까. 꼭 필요한 몇 가지만 갖추어도 삶이 불편하지 않다는 것을 깨닫자 나에게 진정한 미니멀 라이프가 찾아왔다.

나의 즐거움은 경험 가치다

물질만능주의 시대를 살아가면서 나는 돈이 중요한 것일까, 돈으로 사는 것이 중요한 것일까를 깊이 생각해본 적이 있다. 또한 내가 산 물건이 내게 얼마만큼 가치가 있는지, 또 쌓여가는 물건이 내게 어떤 만족감을 주는지에 대해 생각해본 적이 있다. 그런데 이에 대한 적합한 답을 나는 당시 찾을 수 없었다.

'미니멀 라이프'라는 단어를 알기 아주 오래전부터 나에겐 물건에 대한 집착이 크게 없었던 것 같기도 하다. 어릴 때 친구 집과 비교해서 우리 집에 없는 것이 많았는데도 별로 신경이 쓰이지 않았다. 왜 친구 집에는 있는 것이 우리 집에는 없는지에 대한 고민도 별로 없었고 그게 우리 집에 반드시 있어야 한다는 데에도 의식이 없었다.

지금도 나는 생활하는 데에 필요한 기본 가전 외에는 딱히 갖고 싶은 것이 없다. 하지만 취미 생활에 관련된 것들에는 욕심이 많다. 적당히 한두 가지 사서 체험해 보면 될 것들도 꼭 장비 욕심을 낸다. 체험이나 경험에 대해서는 돈을 아끼지 않는 편이다. 그래서 나에게 돈은 경험을 사는 데 중요한 필수 요소가 된다.

즐거움에 대해 논하기 위해 겪은 많은 것들이 생각난다. 여자로 태어나 무씨라도 썰어봐야 한다면서 서울로 가서 취업했고, 우리나라도 젊은 해외 여행자들이 늘어나기 시작할 때 나도 글로벌 시야를 갖춰야 한다고 무모한 여행을 갔었으며, 30대가 되기 전에 해외 생활도 해봐야지 싶어 무작정 어학연수를 갔었다. 또 우리나라도 곳곳이 아름다운 곳이 많기에 주말여행이라는 명목으로 일일 관광차에 수시로 몸을 실었고, 게스트하우스가 뜨면서 나도 여행자들과 추억을 가지고 싶어서 굳이 게스트하우스를 찾아다녔다. 그리고 다양한 경험을 해보자는 취지로 온갖 커뮤니티에 가입해 여러 가지 모임을 가졌었다.

다이어리 잘 쓰고 시간 활용을 잘하기 위한 모임, 재테크 잘하기 위한 모임, 고급 차 마시는 모임, 외국어 공부하는 모임, 먹방 투어 모임, 댄스 모임, 출사 모임, 영화 모임, 등산 모임 등 정말 참여형 인간이 아닐 수 없다. 지금도 커뮤니티를 위해 온갖 모임을 갖고 있다.

나의 돈 값어치는 결국 시간과 경험이다. 앞으로도 경험이 주는 노하우는 어디에서든 얻을 수 없을 테니까.

미니멀리즘, 평안하고 즐겁고 기쁘고

어느 정도 미니멀 라이프에 안착되면서 마음에 여유가 많이 생긴 것은 사실이다. 안착되기까지는 정말 어려운 관문이 많았지만, 몸에 밴 후에는 주변에서도 느껴질 정도로 평안함을 가지고 있다. 도대체 미니멀리즘은 뭘까?

최소주의(最小主義), 단순함에서 우러나는 미(美)를 추구하는 철학이며, 라이프 스타일로 보면 '단순한 삶'이라고 보면 된다. 이것의 궁극적 목표는 물건을 적게 소유하면서 생활이 단순해지고 나중에는 마음과 생각이 정리가 되면서 삶이 더 풍요로워지는 것이다.

마음이 정리가 되는데 왜 삶이 풍요로워질까? 마음이 정리된다는 것은 아무래도 자신에게 일어나는 온갖 마음의 일들을 일일이 살필 수 있는 능력이 생긴다는 의미다. 이 능력을 갖추려면 자신을 깊게 들여다보아야 하고 틈틈이 자신과 타협도 해야 한다. 이런 일련의 일들은 사실 시간을 들여야 하는 것인데, 그러기에는 일반인들은 너무 바쁘다. 그리고 목표가 뚜렷하지 못하다.

나는 미니멀 라이프를 지향하고 있지만 맥시멀 라이프도 좋다고 생각한다. 대신에 자신이 맥시멀 라이프를 추구하면서 상황이나 환경을 정확하게 보고 있고 그것의 의미가 뚜렷하다는 것이 느껴지면 매우 좋다고 본다. 결국은 어떤 라이프를 선택하든 자신이 스스로 어떤 삶을 살아가고 있는지 정확히 알고 행동하는 것이 중요한 것이다. 그래야 감정적으로도 흐트러짐이 없고 주변에도 오해를 주기보다는 확신을 심어줄 수 있다. 스스로의 확신은 자기 자신은 물론 주변 사람들에게도 안정감을 주게 되어 있다. 자신의 삶의 방식을 변명할 필요도 없고 이유도 확실하니 자연히 안정되고 평안하고 신뢰를 줄 수밖에 없다.

내가 미니멀리즘을 추구하는 이유는 명확하다. 물건을 정리하면서 내 마음이 차분해 지고 또 평화로워지기 때문이다. 물건을 정리할 때는 어느 것 하나 소중하지 않은 물건이 없지만, 그래도 과감히 정리 박스에 넣어버린다. 이렇게 하면서 마음이 평안해 지고 풍요로워짐을 느낀다.

마음을 정리하는 것이 왜 물건을 정리하는 것과 연결되느냐고 누군가 물어온다면, 나는 '이상하게도 물건의 집착을 놓기까지 꽤 많은 생각을 하게 되는데 그 과정이 내게 평화를 가져온다'라고 답하곤 한다. 이 물건은 어디서 왔으며 얼마나 나에게 소중한가 그리고 꼭 필요한가, 이 물건이 없으면 사는 데 힘이 드는가 등의 고민을 거치면서 이상하리만치 마음이 차분해지는 것이다. 나는 이런 과정을 몇 번이나 거치고서 물건들을 정리하게 됐다.

이렇게 정리를 하고 나면 이제 내 마음이 바로 내 손 안에 있는 듯한 느낌이 든다. 보통 부자가 되고 싶거든 돈을 좇지 말라고 한다. 대신 부가 따라오도록 하라고 하는데 이것 또한 마음을 정리하는 법과 같다. 마음을 충실히 다룰 줄 알게 되면 돈을 마음대로 다룰 줄 알게 되는 것과 일맥상통한다. 중요한 법칙이 있는 것도 아니고 꽤나 거창한 룰이 있는 것도 아니다. 자신만의 방법으로 꾸준히 노력하면 되는 것이다. 돈을 벌 때도 돈에 대해서 꾸준히 연구하고 가치를 높여가면 비로소 부가 내 손안에 들어올 거라 생각한다. 나는 들썩이는 마음을 정리하고 미니멀을 위해 꾸준하게 물건을 정돈하는 이 삶이 돈보다도 더 멋진 선물이다.

비우자 비로소 많은 것이 보이기 시작했다

'비움'이라는 숙제를 해결하다

2018년 11월쯤 15평 아파트로 이사하게 되었다. 원래 큰 평수에 살았던 것도 아니라서 걱정은 안 했지만 그래도 2인 가족이 살기엔 짐을 많이 줄여야 했다. 자의반 타의반 정리를 위해서 무언가 해야만 했는데 그때 정리수납 전문가 교육을 알게 되었다. 정말 신기하게도 내가 무엇을 해야 하는지, 어떻게 해야 하는지 딱 필요한 답을 주는 교육이었다.

정리수납 전문가 교육을 받으면서 '비움'이라는 것을 심각하게 고민하게 되었다. 평소에 나는 나름대로 생활용품에는 욕심이 없었기 때문에 비움에 대해서 크게 고민을 안 할 것이라 생각했다. 하지만 왜인지 버려야 할 것이 곳곳에서 나오고 사용하지 않는 그릇들도 제법 있었다.

한번은 정리수납 교육을 받는 교육생들끼리 그릇을 모아서 버린 적이 있었다. 버리는 과정이 매우 쉽지 않았고 마음을 심란하게 만들었다. 우선 도자기, 사기그릇 같은 것은 분리수거용 마대를 사서 버려야 한다. 주민센터에 문의해서 자루를 구매한 후에 그릇을 넣어 재활용 업체에 요청해서 가져가도록 해야 한다. 생각보다 복잡한 과정이기도 하고 자루가 생각보다 크기도 해서 이왕 버리는 거 교육생들끼리 모아서 버리면 좋겠다 싶었다.

그래서 교육 동기생들에게 같이 그릇을 버리자고 공지했더니 다섯 집이 버릴 그릇을 가져왔다. 각양각색의 그릇이 모여 있으니 예쁘고 버리기가 너무 아깝다는 생각이 자연스레 들었다. 이때만 해도 버리는 것이 쉬울 때가 아니어서 이걸 모아뒀다가 다른 곳에 활용해야 하는지 진지하게 생각하게 되었다.

하지만 버리고 정리하려고 모은 그릇들이었다. 버리기 아까워서 모아둔다면 내 공간은 창고가 따로 필요해질 테고 언젠가 다시 '버린다'는 목적을 갖기까지 또 얼마만큼의 시간이 필요해질까 하는 생각이 들었다. 게다가 창고에 들어간 물건을 다시 갖고 나와서 사용한다는 보장은 1%도 없다.

그렇게 마음을 고쳐먹고 그릇을 다 버렸다. 그리고 내 예상은 100% 적중했다. 그 그릇들을 버린 이후로 다시 생각난 날이 전혀 없었다. 정말 신기하게도 버렸던 그 시점에서만 그렇게 고민을 심각하게 했을 뿐, 냉정하게도 그 그릇들은 내 머릿속에서 사라졌다. 그 이후엔 다른 일에 심취해 예뻤던 그릇들은 까맣게 잊고 살아온

지 어언 몇 년이 흘렀다.

버리는 것이 가장 어렵다

정리수납을 해보면 고민과 번민하는 일들이 다반사다. 나는 옷을 좋아해서 워낙 다양한 옷들을 구비하는데 신기하게도 겹치는 옷이 하나도 없다. 그래서 흔하지 않은 무늬나 질감이 좋은 옷들은 버리는 게 너무 힘들다. 한 번만 더 입고 버릴까 하면서 입지도 않고 옷장에 자리만 차지하고 있는 옷들이 많았다.

그러다 정말 더 이상 가지고 있을 수 없는 지경에 이르러 정리를 했는데 참으로 이상한 일이 일어나고 만다. 없으면 없는 대로 있는 옷으로 해결이 되는 것이다. 모처럼 만나는 동창 모임 같이 잘 차려입고 가야 하는 날, 남아 있던 옷에서 예쁜 스카프 하나로 포인트를 주었더니 멋진 모임 의상이 되어주었다.

그 많던 옷들은 그냥 나의 욕심 때문에 갖고 있었을 뿐이었다. 너무 맘에 들고, 한두 번 더 입을 수 있을 것 같다는 생각, 다시는 이런 무늬를 구할 수 없다는 불안감 등이 나를 힘들게 했을 뿐이다. 단순하게 생각해 보면 안 입을 옷들을 버린 후에는 어차피 새 옷을 구매할 텐데 말이다.

물질만능 시대에 살면서 구매는 너무 쉬워졌다. 오프라인 매장에 굳이 가지 않아도 온라인으로 터치 몇 번에 구매가 되고 살 생각이 없어도 가입된 쇼핑몰에서 정기적으로 메일이 온다. 또 쇼핑 앱을 설치하면 매일매일 앱 푸시가 뜬다. 하물며 편하려고 설치한 페이앱에서는 수시로 쿠폰 사용이 끝나간다고 알림이 끊이지 않고 온다. 이렇게 쏟아지는 쇼핑 관련 정보는 엄청나지만 버리기 위한 정보는 없다. 그만큼 관심이 없고 돈도 되지 않기 때문이다. 이런 환경에서 버리기를 잘하기란 어지간한 주부도 만만치 않다. 이럴 때는 내가 했던 대로 애초에 버리려는 목표에만 집중하자. 쿨하게 버려도 의외로 별일 안 일어나는 것을 확인할 수 있게 된다.

정리의 기본은 총 개수 유지하기다

정리수납 교육에서 기본은 어떤 물건이든 내가 가질 수 있는 정량을 정해 계속 그 정량을 유지하라는 것이다. 예를 들면 청바지 2개, 면바지 2개, 반바지 1개, 치마 3개, 이렇게 처음에 정했다면 총 8개의 하의가 내 정량이다. 이렇게 정한 개수를 꾸준히 유지하는 것이 포인트다.

입다가 청바지 1개를 버렸다면 청바지 1개만 다시 구매해 총 개수를 유지한다. 개수가 줄어드는 것은 괜찮지만 늘어나는 것은 피해야 한다. 나도 아직은 총 개수 유지하는 것이 너무 어렵다. 그래도 꾸준히 노력하고 있어서 쇼핑하는 횟수가 줄었고 이미 있는 옷들은 버릴 때까지 입으려 한다. 이렇게 생활하니 옷들이 줄어가는 것이 보이고 옷장 내부에는 여유가 생기고 있다.

이렇게 하면 차차 시간이 지날수록 공간에 여유가 생긴다. 옷장도, 거실도, 부엌도, 하다못해 현관까지도. 내 공간에 여유가 생긴다는 것은 미니멀이 내 삶에 자리 잡아가고 있다는 것이다. 내 경우, 비어가는 공간이 보이기 시작하자 마음에도 여유가 생기기 시작했다. 공간의 여유는 마음에 여유를 준다.

자신이 미니멀을 추구하겠다고 마음먹었다면 비어 있는 공간에서 여유를 가질 수 있다는 믿음이 꼭 필요하다. 공간의 여유가 심신에 안정을 주기 때문이다. 안정감을 느끼는 것은 매우 중요하다. 버리지 못하는 질병으로 저장강박증이 있다. 이것을 호더스(Hoarders)증후군이라고 하는데, 쌓아놓은 물건에 둘러싸여 있을 때 안전함을 느낀다.

우리는 이런 집착이나 삐뚤어진 안전함을 느낄 정도로 강박이 있지는 않다. 그렇다고 해서 굳이 필요하다는 이유로 합리화하면서 물건을 가지려 하는 것 또한 좋은 것은 아니다. 적당한 개수를 정해서 일정하게 사용하는 생활 패턴을 만드는 것이 매우 중요하다.

비우는 것이 미니멀이다

비움이라는 것이 어려운 숙제라면 다시 생각해 보자. 실천하기 쉬운 두 가지 원칙이 있다.

첫 번째는 꼭 필요한 것을 50%, 나머지 50%를 박스에 담아놓고 살아보는 것이다. 퍼센트를 나누어야 내 물건 양을 알 수 있기 때문에 중요하다. 미니멀 라이프에 있어서 물건 양을 체크하는 것은 기본이다. 내 삶에 적당한 물건 양이 얼마면 되는지 아는 게 기본이지만 처음부터 내가 생활하는 데 필요한 양을 안다는 것은 힘들다. 장기간 호흡으로 적당량을 찾아가는 것이 좋다.

옷 같은 경우에는 봄, 여름을 보내고 확인하고, 가을, 겨울을 보내고 확인해 보면서 내 물건 양을 찾아가면 된다. 박스에 담아놓은 물건을 몇 시즌 보낸 후 정말로 사용하지 않는다면 그때 버려도 된다. 우선 중요한 것은 50% 잡은 물건을 차츰차츰 내 정량으로 잡아가는 것이 중요하다.

두 번째는 공간 비우기에 파레토 법칙을 활용하는 것이다. 파레토 법칙이란 상위 20%가 전체 생산의 80%를 만든다는 법칙이다. 라이프에 적용하자면 내 물건의 20%만 잘 활용할 뿐이지 80%는 사실 자주 이용하지 않는다는 것이다. 그렇다면 내 라이프에서 이동 동선이나 활동량, 취미 생활 등을 따져가며 정말 자주 이용하고 애용하는 물건들을 추려내는 것이 중요하다. 단지 마음에 들어서, 디자인이 예뻐서, 언젠가 쓸 예정이라서, 지름신이 내려와서 등의 이유로 구매한 많은 물건들이 사실은 대부분 없어도 된다는 이야기다.

미니멀로 가기 위해서는 물건에 대한 애착에만 머물지 말고 진짜 애장품을 챙기는 여유와, 단순한 애장품인 것을 버릴 수 있는 여유가 있어야 한다. 그래야 비로소 미니멀 라이프다.

2장

미니멀한 '공간 습관', '생활 습관' 만들기

공간과
마주 앉다

포기할 수 없다, 양문형 냉장고는

남편과 나는 각자 원룸에서 자취를 하다가 둘이 같이 살기로 결정하면서 이사를 하게 되었다. 우리는 결혼 전 살던 원룸 생활이 그다지 불편하지 않았기에 둘이 사는 곳도 원룸으로 구하기로 했다. 나는 미니멀리즘을 계속 실천 중이었고, 남편도 내 미니멀리즘에 동의해주었기에 집을 구하는 데에는 서로 이견이 없었다. 남편은 집을 구하고 꾸미는 일을 전적으로 내게 맡겨주었다.

집을 구하면서 내가 가장 염두에 두었던 것은 공간 활용에 대한 생각이었다. 원룸형 아파트라서 이곳을 어떻게 불편하지 않게 꾸미고 살아갈 것인지 고민을 수백 번 했다. 무엇보다 혼자가 아니라 남편과 함께 같은 공간에서 서로 부딪치지 않고 생활해야 했기에 더더욱 신중할 수밖에 없었다.

남편은 덩치가 큰 편이었지만 다행히도 그다지 까다로운 성격이 아니어서 작은 집에도 불평하지 않았고 까칠하게 굴지도 않았다. 덕분에 나 역시 마음 한구석 불편하고 미안한 마음을 덜 수 있었다. 그리고 무엇보다 내게 큰 응원을 해주면서 함께 공간을 꾸몄고 지금까지 둘이 작은 공간에서 잘 지내고 있다.

우리가 작은 공간에서 미니멀하게 살면서도 별 문제 없이 만족스러워하는 데에는 그만한 이유가 있었다. 우리는 우선 집을 구할 때부터 서로에게 중요한 지점을 알고 있었다. 남편은 잠만 잘 자면 오케이였기에 침실이 중요했다. 그런데 나에겐 요리하는 게 그다지 중요하지는 않아서 넉넉한 주방이 아니어도 되었지만 대신 양문형 냉장고는 중요했다. 나는 혼자 살 때부터 그걸 가지고 있었다. 우리 두 사람 다 외식을 그다지 하지 않고 외부 활동은 많은 편이라 냉동고가 커야 했고 냉장 기능도 용도별로 가능해야 했다.

그런데 작은 집들은 대부분 양문형 냉장고 자리가 별도로 마련되어 있지 않아 놔둘 데가 마땅치 않았다. 결국은 주방이 아니라 방으로 들어가야 하는 경우도 있어서 집을 볼 때마다 냉장고 자리 부분은 꼭 체크해야 했다. 누구에게나 타협할 수 없는 자기만의 집 공간이 있다. 내겐 그것이 바로 냉장고가 놓이는 자리였다.

이사한 집 또한 냉장고를 두기 위해서는 기존에 설치되어 있던 아일랜드형 싱크대를 치워야 했다. 그래야 부엌에서 냉장고 사용이 쉽고, 필요 없는 공간 나누기를 할 필요가 없어지기 때문이었다. 나는 고민도 없이 리모델링을 했다. 부엌 한쪽에 냉장고 자리를 마련해 원하는 동선을 만들었다. 만약 리모델링도 안 될 정도로 공간이 협소했다면 결국은 부엌이 아닌 다른 공간에 냉장고를 놓게 되어 전체적인 집의 레이아웃은 틀어지게 되었을 것이다. 공간을 제대로 활용해야만 그에 맞는 라이프가 안착이 된다. 불필요한 동선이 얼마나 생활에 피곤함을 가져오는지 경험해 보지 않으면 모른다.

아무리 미니멀을 추구해도 불편과 여유는 함께 할 수 없다. 그 때문에 이사 온 집에서 라이프에 맞는 동선대로 가구들이 배치되고 생활하기에 불편함이 없도록 체크하고 또 체크하고 있다.

공간을 나답게 만드는 유일한 방법

나는 공간을 나눌 때 확실하게 선을 나누는 것을 좋아한다. 주방에는 주방에 있어야 할 것들이 다 있어야 하고 거실에는 거실에 있는 동안 활용할 만한 것들만 놓여 있으면 된다. 침실에는 또 잠을 자기 위한 것만 있으면 된다.

이런 식으로 공간마다 있어야 하는 물건들이 어느 정도 정해져 있어서 그 선을 확실하게 정해놓는 게 공간 레이아웃을 만드는 가장 효율적인 방법이라고 생각한다. 다만 이 기준을 정하는 것은 늘 자기 자신이 되어야 한다.

자신은 요리를 별로 좋아하지 않고 또 얼마 하지도 않으면서 유행하는 각종 조리도구를 다 사들이는 사람이 있다. 그런 집에 가면

믹서기만 서너 대에 오븐도 에어프라이어, 광파오븐 등 종류별로 다 있다. 이렇게 되면 공간을 효과적으로 사용하기도 힘들뿐더러 내 동선에도 불편함을 준다.

내 라이프 스타일과 상관없는 물건들은 과감히 처분하는 것이 좋다. 가지고 있어봐야 보관하는 공간만 늘어날 뿐이다. 내가 사용하지 않고 그저 예뻐서 산 그릇들을 처분한 것도 작은 부엌에 넘치는 그릇이 부담스러웠기 때문이다.

이때 어느 것을 취하고 어느 것을 버릴지 그 선을 정하는 것은 늘 자기 자신이 되어야 한다. 자신이 정한 선을 자기 스타일대로 활용하고 배치하는 것, 그것만이 공간을 자기답게 만드는 유일한 방법이다.

우리 집 드레스룸, 2번 장의 비밀

자기다운 공간을 만들려면 어떻게 시작해야 할까? 먼저 가전뿐만 아니라 생활의 모든 공간을 차분히 보고 연구해야 한다. '공간(空間)'이라 함은 아무것도 없는 빈 곳을 일컫는다. 이 공간을 어떻게 활용할 것인지에 대해 깊이 생각해 보고 실천해 보는 것이 '공간 습관'을 만드는 비결이다.

하지만 우리가 매번 이사를 하는 것도 아닌데 빈 공간에서 시작하는 것은 무리일 것이다. 빈 공간이 없다면 물건들을 비우기 위한 작은 공간을 마련해야 한다. 수시로 보관과 비움을 반복할 수 있는 공간이 있어야만 라이프 스타일도 챙기고 동선도 체크할 수 있다.

현재 내가 사는 집은 작은 원룸형 아파트라서 별도의 공간이 구분되지 않았다. 그래서 배치할 때 아예 내 머릿속에서 선을 그어 공간을 나누었다. 원룸은 전체적으로 직사각형 모양이라 한쪽 벽면에 붙박이장을 넣고 드레스룸처럼 만들었다. 양문형 문으로 5개가 들어가는 긴 붙박이장인데, 집에서 유일하게 이 공간만 수납이 가능해서 모든 수납을 여기에 하도록 결정했다.

내 옷은 3번 장, 남편 옷은 4번 장, 이불은 5번 장, 입고 벗은 옷 관리는 2번 장, 기타 물품은 1번 장을 활용하기로 했다. 한정된 공간이기에 확실한 선이 필요했고 그렇게 옷장의 칸마다 확실한 공간을 부여했다. 특히 2번 장은 애매하고 관리가 까다로운 옷들을 정리하는 공간으로, 우리 집 드레스룸의 일등공신이라 할 수 있다.

베란다가 널찍하면 입고 나갔다가 들어온 옷은 베란다에 걸어 놓고 다음 날 다시 입을 수 있다. 또 매우 부지런한 사람이라면 한 번 입고는 바로 세탁하면 되지만, 이마저도 외투에는 해당하지 않아서 입고 벗은 옷들을 관리할 공간은 꼭 필요하다. 게다가 겨울 외투는 부피도 커서 놓아둘 공간이 필요했다. 그래서 따로 공간을 만든 게 2번 장이다. 빨래를 할 때까지 시간이 걸리거나 내일 또 입어야 하는데 어중간하게 놔둘 곳이 없었기에 2번 장 활용은 매우 탁월한 선택이었다.

남편도 평소에는 작업복을 입고 주말에만 평상복을 입는데 매번 입고 빠는 옷들이 아니어서 2번 장 이용이 매우 빈번하다. 평소

옷 관리를 잘 못 하는 남편도 2번 장이 생기고 나서부터는 옷을 언제 내놓아야 할지 신경 쓰지 않아도 되어 매우 좋다고 한다. 그저 입고 난 옷을 걸어놓기만 하면 내가 수시로 체크해 빨래를 돌려서, 빨래 주기를 잘 모르는 남편도 우리 집 세탁기 담당인 나도 매우 편해졌다. 둘 모두 만족스러운 공간 나누기라 할 수 있다.

2번 장 덕분에 우리 집은 별도의 다용도실이 없어도 빨랫감이 지저분하게 굴러다니는 일이 없다.

공간을 꾸밀 때 중요한 점

미니멀을 추구하는 공간으로 만들기 위해서는 지우는 연습, 동선 생각하기, 비우기 실천, 남은 물건으로 생활하기 등 앞으로 가야 할 길이 멀지만 그중에서도 공간을 꾸밀 때는 동선을 바로 잡는 것이 무엇보다 중요하다.

보통 아이가 있는 집은 아이가 우선시되기 때문에 남편의 동선이 무너지기 쉽다. 이럴 때 남편뿐만 아니라 아내도 동선이 두 배로 길어진다. 불편한 남편의 동선을 따라 같이 움직여야 해서 안 그래도 힘든 집안일이 더 복잡해지기 때문이다.

우리 부부는 작은 집에 사는 까닭에 생활이 불편하지 않도록 동선을 짜는 것이 중요했다. 또 자유로운 동선을 확보하기 위해 공간별 이용 빈도를 생각해서 가구를 배치하는 게 필요했다.

나는 길게 넣은 붙박이장을 따라 복도를 만들기 위해서 붙박이

장 문이 열릴 만큼 띄우고 좌우로 긴 수납장을 놓았다. 긴 수납장은 높지 않았지만 파티션 기능을 겸하기에는 무리가 없었고 건너편은 자연스레 거실이 되었다. 거실 벽에 소파를 놓아서 시야가 닫히지 않도록 했고 소파에 앉아 있어도 긴 수납장 때문에 붙박이장 안이 자세히 들여다보이지 않는 효과가 있었다.

그리고 원래부터 잠자는 공간을 막아주는 가벽이 있었는데 수납장과 붙어서 거실이 룸으로 보이게 되었다. 나에게는 완벽한 동선이 나오자 기능이 확실해졌다. 한동안은 다른 동선으로도 만들어보고 했지만 현재 만든 동선이 최선이 된 후로는 바꾸지 않고 생활하고 있다.

결국 동선의 중요도는 가구 배치에 큰 영향을 준다. 무엇보다 가구가 필요해서 사야 할 때 기존의 가구로 새로운 배치를 해봄으로써 고민이 줄어들 수도 있다. 현재 있는 가구를 어떤 식으로 배치해야 최선의 동선이 나오는지에 대해서는 신중히 고민하면서 직접 바꿔보고 생활을 해보면 알 수 있다.

공간 동선을 만들어가자

앞서 말한 대로 동선을 파악해서 공간을 나누고, 그 공간에 들어갈 물건을 생각해서 가구를 배치했다면 이제 바꾼 동선과 레이아웃에 익숙해지기 위한 연습이 필요하다. 우리 집은 여전히 좁지만 공간 동선을 잘 짠 덕분에 단순하고 편하게 생활하는 데 전혀 불편함이 없다.

미니멀 라이프를 위한 공간 습관을 만드는 일은 어렵거나 힘들지 않다. 먼저 내 공간을 마주 보고 앉아 비울 곳을 머릿속에 그려본다. 그다음 버려야 할 물건을 머릿속에 리스트로 정리한다. 직접 노트에 적는 것도 좋다. 셋째로, 동선을 편하게 하기 위한 가구 배치를 한다. 마지막으로 미니멀을 실천하기 위해 물건을 줄이는 연습을 반복적으로 한다.

이렇게 하면 몸에 아주 잘 맞는 옷을 입은 것처럼 언젠가는 공간도 내 몸에 익숙해지고 편해진 것을 느낄 수 있게 된다.

수납과 정리정돈이 곧 라이프 스타일이다

살아가는 데 적당한 물건 양

집엔 두 가지 의미가 있다. 영어로 '하우스(House)'라고 불리는 집은 건물로서 물리적인 집을 의미한다. 그리고 '홈(Home)'이라고 불리는 집은 마음의 고향 같은 심리적인 의미의 집이다.

우리나라 사람들에게도 '집'이란 홈을 의미할 것이다. 마음의 고향같이 안정되고 편안한 곳, 그곳을 우리는 집이라 말하고 생각한다. 그래서 쉼이 있어야 하는 나의 집은 온갖 물건이 필요하진 않다라는 결론을 내리게 되었다.

요즘같이 가전제품이 범람했던 때가 있었을까? 사람들은 좀 더 편한 생활을 누리기 위해 많은 가전제품을 요구하게 되었고, 이에 발맞추어 가전회사들은 소비자에게 더 많은 물건을 팔기 위해 다양한 제품을 쏟아내고 있다. 기본 가전 외에도 공기청정기, 제습기, 정수기, 비데, 건조기, 광파오븐, 식기세척기, 착즙기 등 끝도 없이 나온다. 그리고 하나같이 안 비싼 것이 없다. 하물며 안마의자 같은 고급 가전도 들여놓고 사용한다.

물론 모든 가전이 다 쓸데없다는 이야기는 아니다. 그렇지만 내 삶에 꼭 필요한 것인가를 생각해봤으면 싶다. 건조기 같은 경우에는 정말 필요한 가전일 수 있다. 베란다가 없는 집도 많은 데다가 베란다가 있어도 널고 개는 과정을 생략할 수 있어 편하다. 또한 옷을 빨면 먼지도 많이 나오고 말리는 과정에서도 먼지로 고생하는 사람들이 많다. 미세먼지라도 있는 날에는 베란다에 말리는 일이 찜찜하고 이래저래 번거로운 점을 건조기는 한번에 해결해 준다.

조금이라도 가족들과 나에게 도움이 되는 가전이라면 비싼 가전이라도 사는 게 맞다. 하지만 나는 아직 빨래를 빨래 건조대에 말려도 불편함이 없고 환기 차 베란다 문을 열어서 환기를 해도 알레르기가 없기 때문에 공기청정기 없이도 가능하고 제습도 일반 제습제 사용으로 충분하다. 장마철에도 우리 집은 옷장에 2개, 이불장 1개로도 제습이 해결된다. 무엇보다 부엌은 매우 작은 공간이라 정수기도 필요 없고 요리를 잘 하지 않기 때문에 오븐이나 각종 조리 가전 역시 그다지 필요가 없다. 전자레인지로 모든 것이 가능하다. 나에게 중요한 것은 '양문형 냉장고'밖에 없다.

그래서 우리는 약간의 불편은 감수하더라도 마음이 편한 집을 선택했다. 그랬더니 부피 큰 가전들이 없어서 공간에 여유가 생기고 작은 부엌과 작은 욕실에도 알뜰하게 공간 사용이 가능하다. 살아가는 데 적당한 물건 양은 저마다 다를 것이다. 그러나 자기 삶을 돌아보고 공간마다 자신이 어느 정도의 활용도를 가지는지 파악한다면 점차 물건 양을 줄여가는 데 익숙해지고 이는 곧 미니멀한 라이프 스타일로 사는 데 도움이 될 것이다.

수납 위치가 곧 라이프다

수납하는 물건의 위치는 매우 중요하다. 그것이 미니멀 라이프의 핵심 키가 되어주기 때문이다. 물건마다 특성과 사용처가 있기에 꼭 거기에 맞는 위치에 있어야 활용도가 100%가 된다. 분명 사용자는 가족구성원인데 내가 보기에 불편하다고 가족구성원이 사용하기에 불편한 위치로 물건을 옮겨놓으면 안 된다.

우리 집은 남편과 내가 사용하는 손톱깎이가 다르다. 내가 사용하는 손톱깎이는 화장대에 둔다. 나는 화장 도구나 미용도구도 화장대에 있었다. 혼자 살 때부터 있던 위치라서 여기를 벗어나면 찾기 힘들다. 하지만 남편은 내 화장대를 보면 절대 찾을 수 없기에 남편이 찾기 편한 위치에 남편만의 미니 화장대를 만들어주었다. 스킨, 로션, 이쑤시개, 건강보조식품, 연고 등 남편이 자주 사용하는 것들을 모아놓은 곳이다. 여기에 내 것은 놔두지 않는다. 같은 물건이라도 사용자의 편의에 맞게 이동하는 것이 맞다.

가족구성원의 공간에 물건을 놔두면 그 물건의 여부 책임은 내가 아니어서 물건 관리도 쉽다. 이런 공간이 필요하므로 동선을 나눌 때에도 매우 잘 체크해야 한다. 혼자가 아니라면 더더욱 동선 체크는 필수다.

그리고 내가 제일 즐겨 사용하는 수납 위치가 있다. 바로 냉동실 위에서 두 번째 칸 사용이다. 여기는 장을 봐온 후 채소나 해산물, 만두 등의 재료를 소분한 내용물들을 넣어두는 칸이다. 재료마다 소분이 되어 있어서 음식을 만들 때마다 재료를 씻고 자르고 하지 않아도 된다.

나는 된장찌개를 좋아하기 때문에 된장찌개에 들어가는 온갖 재료를 손질해서 냉동고에 넣어둔다. 그리고 끓일 때마다 그냥 편하게 사용한다. 라면 스프 넣듯이 끓는 물에 재료들을 넣어서 끓이기만 하면 되니 조리 시간도 단축되고 손에 물도 별로 안 묻히고 너무 좋다.

사실 생채소를 소분해서 냉동실에 보관하기가 처음에는 껄끄러웠다. 하지만 끓이고 볶고 하는 요리에는 전혀 문제가 없다. 처음 싱싱함 그대로 조리된다. 가끔 시간이 나고 재료가 넘칠 경우 육수를 만들어놓으면 육수도 냉동 보관해 놓고 조리 시에 육수와 소분된 채소, 해물 등을 꺼내 넣어서 끓이기만 하면 되니 얼마나 편한지 모른다.

냉동실의 다른 위치는 재료마다 그때그때 다르게 바뀌기도 하지만 두 번째 칸은 변함없이 소분된 재료를 넣는 칸이다. 이 칸은 고정된 칸이라서 남편도 무엇을 만들어 먹을 때 재료를 여기서 찾아본다. 자기가 사용 가능한 재료를 찾기가 쉽기 때문이고 소분된 재료라는 것을 알기에 그냥 사용만 하면 된다.

의외의 공간에 의외의 물건이 주는 합의 효과

나는 작은 집에 살면서 의외의 공간 활용을 찾게 되었다. 작은 집이라 욕실도 작아서 수건이 욕실만으로는 수납이 되지 않아 다른 돌파구를 찾아야 했다. 또 남편의 양말도 부피가 있어서 수납장에 넣기엔 부족했다. 결국은 수납 상자를 활용하게 되었는데 수건은 욕실 가는 길에 있었으면 좋겠고 양말도 편하게 찾아서 신었으면 좋겠고 해서 거실 끝에 수납 상자를 놓고 위에는 수건, 아래쪽은 양말을 넣어두었다. 게다가 우리 집의 경우 현관과 욕실이 가까워서 이 두 조합이 묘하게 편했다. 한번 이렇게 맞추고 나니 몇 년을 이렇게 쓰고 있다.

비록 거실이라는 곳에 수납 상자를 놓을 수밖에 없지만 작은 집에 묘하게 잘 어울리는 수납 상자이고 거실에서 현관, 욕실 가는 길이 같기 때문에 동선에도 문제가 없다. 무엇보다 남편이 편하게 양말을 찾아 신을 수 있는 위치라 딱 좋다.

공간이나 동선이나 여러 가지 사항을 고려해야 하는 상황에 놓이게 되면 창의성이 발휘되는데 특히 작은 집에서는 여러 가지 창의성이 발휘된다. 내가 발견한 창의성은 가구를 보게 되더라도 기능성을 추가해서 보게 되는 것이다. 작은 가구임에도 무언가 기능이 있다면 금상첨화다. 그렇다고 무조건 기능이 추가되어야 하는 건 아니다. 기능 추가에 따라 기본 기능이 반감되는 경우도 많기 때문인데 그래서 주 가구는 기본에 충실해야 한다고 생각한다.

내가 창의적으로 활용하는 것은 보조의자 겸 물건을 담을 수 있는 의자인데 이것이 독특하게도 인테리어에도 한몫하는 것이다. 작은 집은 수납력이 떨어지는 것이 불편한데 수납력을 올리기 위해 여러 가지 제품을 찾아보다가 카우치 기능도 될 것 같고 보조의자로서 기능도 될 것 같고 나름 쿠션도 있어서 앉았을 때 불편하지 않고 색깔도 예쁘고 정말 여러 가지로 괜찮은 가구를 찾게 되었다.

이 의자가 도착했을 때 나는 '유레카!'를 외쳤다. 이리 예쁜데 수납되고 사이즈도 좋고 여러 가지로 나에게 딱인 가구. 기능적으로도 만족되고 심미적으로도 만족되니 너무너무 좋을 수밖에 없었다. 수납과 정리정돈은 그것을 고민하는 순간부터 미니멀한 삶으로 방향키를 돌리게 해준다. 각자 취향과 선호도에 맞게, 자기 집에 어울리는 수납 아이템으로 공간에 개성을 가져와보자. 그러면 그냥 사는 집이 그야말로 '홈, 스위트 홈(Home, Sweet Home)'이 될 테니까.

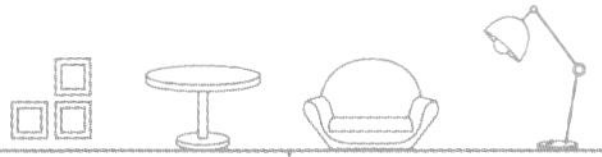

좋은 기운을 만드는 공간은 따로 있다

손이 갈수록 좋은 기운을 유지할 수 있다

흔히 집을 지을 때 터가 좋아야 한다는 이야기들을 많이 한다. 좋은 터, 나쁜 터라는 것이 현실적으로 100% 맞아떨어지는 일은 있을 수 없겠지만, 그래도 특정한 장소에 갔을 때 좋은 기운이 느껴지면 그만큼 기분도 좋아진다.

이렇듯 좋은 기운이 느껴지는 터가 있듯이 집 안에도 좋은 기운을 부르는 것들이 있다. 이는 '미신'이라기보다는 풍수(風水)에 기반하고 음양오행설에 기초한 민속으로 우리가 생활하는 데 작고 사소한 도움이 되도록 해준다. 모르고 살아도 큰 문제는 없지만 그래도 풍수를 조금이라도 알면 좀 더 조심할 수 있고 좋은 기운을 더 끌어당길 수 있으니 간략히 소개해 보고자 한다.

기본적으로 좋은 기운의 기본은 '바람이 잘 통하는 것'이다. 물건이 많거나 가구 때문에 바람이 잘 통하지 않으면 집 안의 기운이 잘 흐르지 못해 답답해진다. 그래서 집 안 어디든 물건을 쌓아놓는 것은 좋지 않다. 거기에 요즘 집은 주택보다는 아파트, 빌라, 오피스텔 구조가 많아 집에 바람이 잘 통한다고 볼 수는 없다. 이럴 때는 억지로 문을 열어서 바람을 들이기보다는 공기의 흐름이 좋아지게 하면 된다. 에어컨을 틀었을 때 집 안 곳곳에 시원한 바람이 잘 돌고 있다면 공기의 흐름이 좋은 것이다.

그리고 또 하나 좋은 기운은 햇빛이 잘 드는 것이다. 햇빛의 방향은 하루 동안 동에서 남, 남에서 서로 정해져 있지만 햇빛이 집 안에 잘 들도록 꾸미는 것은 또 다른 이야기다. 볕이 잘 드는 남향이어도 두꺼운 커튼으로 가림막을 해놓거나 짐을 쌓아 막아놓으면 볕이 들지 않는 집이 된다. 그래서 어느 정도는 자기 손으로 문제를 해결할 수 있어야 한다.

내 손으로 좋은 기운의 집을 만들기 위해 물건을 쌓지 않기, 바깥에 나와 있는 물건의 개수 줄이기, 모든 물건이 제자리에 놓이도록 하기 등을 지키면 좋은 기운을 유지할 수 있다.

좋은 기운은 현관부터 시작된다

좋은 기운을 불러오기 위한 여러 가지 방법 중에 첫 번째로 지켜야 할 단순하지만 매우 중요한 방법은 현관을 깨끗이 하는 것이다. 나는 집에서 현관을 가장 강조한다. 집 안은 무조건 깨끗한 게 좋지만 그중 현관이 가장 중요하다. 현관문을 열고 들어설 때 좋은 기운을 많이 들어오게 하려면 지저분하면 안 된다.

지인이나 고객의 집에 방문해 보면, 식구는 넷인데 신발은 여덟 켤레, 열 켤레까지 나와 있는 집이 있다. 그리고 그 신발들도 가지런히 정돈되어 있는 것이 아니라 뒤죽박죽이어서 신발을 신을 때 한 번에 신지 못하고 오른쪽 신발을 찾고 왼쪽 신발을 찾아서 신어야 하는 경우도 있다. 이런 경우 단정치 못해 보일뿐더러 신발이나 밖에서 들어오는 이물질들이 집 안으로 들어와 가족들의 건강에 해를 끼칠 수도 있다. 무엇보다 집이 지저분해 보이며 거기다 현관에 다양한 물건을 놔두는데 이런 관리가 좋은 기운을 줄 리가 없다.

현관 관리법은 대단한 게 아니다. 펼쳐져 있는 신발은 가지런히 정리하고 바로 신지 않는 신발은 신발장에 넣어둔다. 현관은 물건을 보관하는 장소로는 적합하지 않으니 무조건 치우는 것이 좋다. 간혹 현관이 넓은 집들은 현관을 재활용 쓰레기를 모아두는 곳으로 활용하기도 하는데 부피가 큰 것이든 작은 것이든 눈에 안 보이는 다용도실이나 별도의 공간에 모아두었다가 분리수거하는 날짜에 꺼내서 버리는 것이 좋다. 현관 외에는 놔둘 곳이 마땅치 않다면 재활용 전용 쓰레기통을 사용해 지저분하지 않도록 관리해주어야 한다. 중요한 것은 지저분하지 않아야 한다는 것이다.

우리 집은 작아서 현관을 마냥 비울 수가 없다. 그래도 청소는 자주 해주고 꼭 놔둘 수밖에 없는 것 빼고는 놔두지 않는다. 현관을 오가는 불편함을 감수해가며 짐을 놓아두는 것은 매우 안 좋은 습관이기 때문에 꼭 체크해야 한다.

좋은 하루를 여는 기운은 침실에서

누구나 아침이 편안해야 그날 하루가 편안하고 좋다. 하지만 이 사실을 아는 것과 이를 실천하기 위해 습관을 만드는 것은 참으로 다른 이야기다. 아침이 편안한 것과 침실의 상관관계는 떼려야 뗄 수 없다. 잠을 잘 자야 하루의 시작이 상쾌하고 가볍기 때문이다. 편안함이 숙면과 연결되는 만큼 침실은 인테리어가 중요한 곳이다.

침실은 무조건 편안한 느낌으로 꾸며야 한다. 사람은 편안한 쉼이 매우 중요하다. 집의 어느 곳에서나 쉴 수 있다고 말하는 분들도 있지만 풍수 인테리어에서는 쉼만큼은 침실에서 편안함을 누리는 것이 중요하며 공간 에너지를 적절히 흡수하는 것이 좋다. 침실은 가족 건강과 금전 운 등에 영향이 미치기 때문에 깔끔하고 편안한 컬러와 은은한 조명을 쓰고 시야에 거슬리지 않은 물건들로 채운다.

편안한 잠은 건강의 기본 요소다. 실제로 24시간 이상을 깨어 있으면 혈중알코올농도 0.1%의 상태와 같다는 연구 결과만 봐도 수면이 얼마나 중요한지 알 수 있다. 그리고 질 낮은 수면도 좋지 않다. 숙면을 취하기 위해서는 연한 아이보리 같은 편안한 색상이 도움이 된다. 수면에 예민한 편이라면 컬러도 중요하고 물건들도 최대한 없애고 불빛도 없는 상태가 좋다. 너무 어두운 것이 싫으면 은은한 조명을 협탁에 두고 자기 전에 끌 수 있도록 하는 것이 잠들기에 좋다.

또 숙면에 도움이 되는 아로마오일이나 캔들 워머로 심신을 편안하게 풀어주는 것이 좋다. 천연 오일도 좋고 질 좋은 소이왁스로 만든 캔들을 워머에서 녹여서 향을 퍼지게 하는 방법도 있다. 소이왁스는 100% 콩으로 만든 천연 재료이고 이것으로 만든 소이 캔들은 연소 시 그을음이 없어서 알레르기나 암을 유발하는 성분을 방출하지 않아 몸에도 나쁘지 않다.

소이 캔들을 직접적으로 태우면 안전에 문제될 수 있지만 캔들 워머를 이용하면 안전하게 침실에서 사용이 가능하다. 워머는 전기의 열로 캔들을 녹이기 때문에 인테리어에도 괜찮고 스트레스 해소에도 좋으면서 몸을 릴랙스시키기에도 좋으니 일석이조를 넘어 일석삼조의 기능을 가지기 때문에 적극 추천한다. 거기다 양초는 원래 공기 정화에도 좋은 걸로 유명하니 일석사조 이상의 좋은 아이템이다.

가족의 복은 부엌에서

아무래도 온 가족이 모이는 곳인 부엌과 다이닝룸은 가족의 건강을 책임지는 곳이며 집안이 잘 풀리기 위해서는 제일 중요한 곳이다. 이런 곳일수록 청결하게 관리해야 하고 깨끗한 부엌이어도 도구 관리 또한 중요하다.

부엌에서는 편의를 위해 혹은 인테리어상 칼이나 가위를 싱크대 위에 두는 경우가 많은데 날카로운 것들을 눈에 바로 보이는 곳에 두는 것은 위험하기도 하거니와 풍수에서는 금전 운이 떨어지고 가족 간에 갈등을 일으킨다고 하니 서랍에 보관하는 것이 좋다.

부엌에서 제일 중요한 일 중 하나는 설거지다. 이걸 잘해야 하는데 나도 좋은 습관을 가지기까지 시간이 꽤 걸렸다. 설거지를 잘하려면 무엇보다 물을 잘 활용해야 한다. 설거지통을 따로 사용해 설거지를 한다면 설거지통 관리도 깨끗하게 잘해야 한다. 먹은 그릇들만 닦는 것이 아니라 설거지통도 설거지 마무리에 꼭 깨끗이 씻어서 말려서 사용해야 하며 설거지통 없이 설거지를 한다면 그릇에 묻은 음식물들이 잘 불게끔 그릇 하나하나에 물을 잘 받아서 그릇들을 잘 불린 후 설거지해야 한다.

나는 후자 쪽인데 설거지통 관리가 귀찮기도 하고 설거지할 그릇을 쌓아놓는 게 싫어서 그때그때 바로 설거지를 하는 편이다. 그래도 가끔 한두 끼 모아서 설거지를 하게 되면 씻어야 하는 그릇에 물을 매번 채워서 불게끔 해놓는다. 사실 자기가 먹은 그릇은 직접 치우게 하는 집들이 많다 보니 싱크대에 그릇을 가져다는 놓지만 물을 받아놓지 않아서 두 번 손 가게 하는 경우도 많다. 설거지를 편하고 깔끔하게 하려면 그릇에 남은 음식물이 잘 불게끔 물에 폭 담가놓은 후에 설거지를 해야 한다.

여기서 끝이 아니라 물에 젖은 그릇은 마른 행주로 바로 닦아서 그릇장에 넣어야 한다. 그 후에 싱크대의 쓰레기를 치우고 물때를 닦고 고무장갑도 씻어서 걸어놓는 것까지 모든 과정이 설거지에 해당한다. 사실 나는 이 과정이 너무 힘들었다. 정리수납을 배우기 전에는 설거지하면서 물기 젖은 그릇을 그릇 개수대에 엎어놓기만 했었다. 자연히 마르면 그 그릇을 사용했는데 이 버릇은 좋지 않다고 배운 후에는 고쳐보려고 열심히 노력했다. 지금은 오히려 젖은 그릇을 마냥 남겨두는 게 찝찝해져서 자연스레 그릇을 닦아서 넣게 된다.

부엌의 청결은 얼마나 부지런하냐에 달려 있겠지만 이 일련의 과정들이 매우 중요하다. 풍수가 아니어도 세균이나 박테리아, 음식 찌꺼기에서 나오는 각종 병균들이 없도록 청결하게 관리해야 가족이 건강하게 살아갈 수 있는 밑바탕이 된다. 거기다 그릇들을 엎어놓지 않고 똑바로 수납을 하면 복이 담긴다고 하니 가족의 건강과 복도 잘 챙겨보자.

단순하지만 지켰을 때 좋은 것들

아무래도 많은 사람들이 몸이 편한 생활을 선호하므로 식탁 위에 많은 것들을 놓아두고 지내는 분들이 많다. 그중에 약들을 꺼내놓고 복용하는데 이것은 좋지 않은 습관이다.

약은 건강이 좋지 못하다는 신호이며, 눈 앞에 있으면 자꾸 약 먹을 일이 생긴다고 한다. 약은 서랍장이나 약통에 보관하는 게 좋고 매일 먹는 약이어도 안 보이는 곳에 보관해야 한다. 요즘에는

'일주일 약통'이라는 것이 있는데, 매일 먹는 약은 이 약통에 넣어서 복용하는 방법을 추천한다. 몸이 불편해 서랍장을 열기 힘들다면 뚜껑만 열어 약을 꺼내 먹을 수 있게 약통을 만들어주는 것이 좋다.

먹는 약뿐만 아니라 기타 상비약들은 모든 가족들이 사용할 수 있도록 한 위치에 모아두는 것이 좋으며 약통에 모았다 하더라도 서랍이나 찬장 같은 닫힌 곳에 보관해야 한다. 방마다 약을 비치해두면 막상 중요한 때에 찾지 못해 위험에 처할 수도 있기 때문에 약의 보관 위치도 매우 중요하다. 집 안에 좋은 기운을 불러오는 방법은 어렵지 않다. 나는 앞서 이야기한 정도만 지켰는데도 기분도 좋아지고 또 공간 활용도도 매우 높아졌다. 그래서 나는 이 정도만큼은 꼭 지키라 이야기한다.

풍수 인테리어를 거창하게 이야기했지만 풍수에 관한 정보는 정말 다양하고 깊이 파고들면 너무 많다. 거기다 사주에 부족한 기운을 더해서 더 좋은 환경을 만드는 것도 있지만 기본에 충실하기만 해도 복이 온다고 한다.

물건이 많더라도 깨끗한 환경을 유지하는 것이 중요하다. 깨끗함을 유지하려면 청소를 잘해야 하고 청소에 힘들이지 않으려면 물건이 많지 않은 게 좋다. 이런 식으로 환경을 바꿔나가는 방법이 좋다.

어느 것을 버리고
어느 것을 새로 살 것인가

집집마다 가장 골칫거리, 드레스룸

집집마다 제일 고민되는 것이 드레스룸이 아닐까 한다. 우리 집도 작은 공간에 드레스룸 정리가 제일 문제였고 나를 정말 힘들게 한 곳이다. 거기다 나는 근력도 그리 강하질 못해 옷장 정리로 한창 바쁠 때 근막통증이 나의 발목을 잡았다.

옷을 넣고 빼고 정리하고 정돈하고 시즌별로 하느라 몸의 곳곳에서 통증이 유발되어 생활이 힘들었다. 그래서 사계절 옷 정리가 모두 옷장에서 해결되었으면 하는 바람으로 공간 습관을 들였다. 어차피 남편은 옷이 몇 벌 되지 않아서 한 옷장에서 정리가 되었지만 넘치는 내 옷은 해결될 기미가 전혀 없었다. 그렇다고 내 옷이 엄청 많으냐 하면 그것도 아니다. 나는 특이하게도 겹치는 색깔이며 톤이 없고 패턴도 전부 달라서 일일이 애정을 쏟을 뿐이었다.

정말 최악이었다.

나는 10년 된 옷도 갖고 있었고 20년 된 옷도 갖고 있었다. 자랑이지만 지금 입어도 촌스럽지 않은 옷들이다. 단지 살찌고 체형이 바뀌어 소화할 수 없는 내가 되었다는 것이 옷을 처분할 수밖에 없었던 이유였다. 이젠 오피스룩도 필요 없어졌고 꽉 끼는 바지도 못 입기에 필요 없어졌다. 이제 골칫거리를 해치울 때가 됐다!

드레스룸의 딜레마는 정리 목록에서부터 풀어나간다

드레스룸을 정리하기 위해서 가장 먼저 할 일은 정리 목록을 만드는 일이다. 옷장 정리는 정말 긴 호흡으로 가야 하는 일이기에 미리 목록을 잘 만들어서 관리할 필요가 있다.

사실 몸으로 때워도 되긴 하지만 근막통증이 불편한 손님으로 찾아올 수 있으니 조금씩 쉬어가길 바란다. 또 여기서 내가 제안하는 방법이 반드시 유일한 방법은 아니라는 점도 덧붙여둔다. 자신의 옷 종류와 옷장 위치에 맞게 목록을 정리하면 된다.

표를 작성할 때는 큰 카테고리를 먼저 정하고 목표하는 개수를 정한다. 그래서 총 개수가 목표하는 개수와 일치할 때까지 정리하면 된다. 위치는 말 그대로 드레스룸에 들어갈 각 카테고리별 위치다.

우리 집 드레스룸은 총 다섯 개의 장이 있는데 1번 장은 생활용품을 보관하는 곳, 2번 장은 외투와 그때그때 입는 옷이어서 드레스룸 목록에서는 제외했다. 비고란은 각자 필요한 메모를 적는 난이다. 주로 따로 보관했던 박스 위치나 번호를 표기하곤 한다.

나는 수트나 정장이 없어서 7가지로 대분류가 가능했지만, 다른 사람들은 7개로 정리가 안 되는 경우가 많을 것이다. 우리 집 드레스룸의 서랍장은 총 2단이지만, 만약 3단이라면 더 촘촘하게 분류할 수 있을 것이다.

드레스룸 정리 목록

종류	총 개수	목표 개수	위치	비고
1. 바지, 치마(하의)	55	20	4번 장 서랍	박스1
2. 티셔츠	150	60	3번 장 아래쪽 서랍	
3. 셔츠, 블라우스	40	30	3번 장 옷걸이	
4. 민소매, 언더웨어	20/ 15	10/10	3번 장 위쪽 서랍	
5. 재킷	20	10	3번 장 옷걸이	박스2-압축 팩
6. 니트류, 맨투맨	15	5	3번 장 옷걸이 상단	박스3
7. 요가복, 등산복, 트레이닝복	50	20	4번 장 옷걸이 상단	

위 정리 목록에서 카테고리별로 나누어 내가 가진 옷의 총 개수를 한눈에 정리해 보니 눈에 띄는 점이 있었다. 바로 내가 티셔츠를 너무 '사랑한다'는 사실이었다.

워낙 스포티한 차림을 좋아해서 티셔츠가 장난 아니게 모여 있었다. 우리 집 장은 붙박이장이어서 일반 장과는 다르게 내부가 좀 크다. 그래서 생각보다 티셔츠가 서랍에 많이 들어간다. 3번 장의 서랍에 딱 맞는 개수가 티셔츠 60개였다. 다른 서랍에는 티셔츠가 없고 딱 3번 장의 아래쪽 서랍에만 티셔츠가 위치한다. 서랍을 열었을 때 나의 모든 티셔츠가 한눈에 보이고 색깔별로 줄을 맞춰놓으니 찾아 입기도 편하다.

이렇게 개수를 표기해 놓으면 나의 '러버(Lover)'와 나의 취약한 부분이 나온다. 사랑하는 옷은 좀 줄이고 취약한 부분은 보충하거나 아예 빼버리는 단호한 선택이 가능하다. 전체를 알고 선택하는 것은 심리적으로 매우 중요하다. 취향을 빼버리는 것에 과감해진다.

나는 막연하게 정장이 없다는 걸 느끼고 있을 때는 정장이 있어야 한다는 압박감이 있었다. 정리 목록을 작성한 후에는 결정이 쉬워졌다. 과감하게 포기했더니 지금은 압박감이 없다. 무엇이든 숲을 볼 줄 알아야 한다는 이야기를 많이 하는데 정리를 할 때에도 전체를 봐야 정리가 가능하고 선택과 집중이 편해지고 쉬워진다.

자리를 잡았다면 개수를 줄이자

큰 카테고리를 구분했고 각각의 위치를 정했다면 이제 개수를 줄여나갈 차례다. 처음엔 옷이 넘치니 따로 보관 상자에 담아서 열심히 넣었다 뺐다 하면서 계절별로 버리고 나눔하고 기부하기를 반복하면 된다.

그런데 어느 순간 개수를 줄이는 것에 주춤할 시기가 온다. 어느 정도 줄였더니 정리가 된 것 같은 착각이 드는 것이다. 미니멀 라이프까지는 아니더라도 그냥 좀 줄인 것이 숨통이 트이니 줄이는 것을 멈춰버리는 것이다. 이러면 습관을 만들기 어렵고 옛날 패턴에 머물게 될 수밖에 없다.

내가 처음 택한 방법은 내 옷장에 들어가는 만큼만 남기자는 것이었다. 근데 이것도 애매한 범위라서 옷장에 차곡차곡 쌓으면 또 생각보다 많이 들어가 더 이상 깔끔한 정리는 불가능한 시점이 왔다. 그래서 우선 10년 이상 된 옷은 무조건 처분하고, 재질이 떨어지는 것도 처분하고, 남은 것 중에 애정 순으로 정리를 하기 시작했다.

일본의 유명한 정리 전문가 곤도 마리에는 "설레지 않으면 버려라"라고 했다. 이 말이 정말 중요한데 내 물건을 버리지 못하는 이유가 대부분 물건의 중요도나 사용 빈도수보다는 애착도에 많이 관련되어 있다. 나도 고객들과 대화를 하다 보면 '선물 받아서' 또는 '아직 버릴 준비가 안 돼서'라는 답변을 많이 듣는다. 나도 티셔츠를 너무 애정하기에 멈춤의 시간이 와버렸다. 그래서 결국은 개수를 정하기로 했다.

내가 개수를 정하는 기준은 옷장 사이즈에 두었다. 티셔츠 같은 경우 사계절 이용하기 때문에 자주 열어볼 수 있는 서랍장을 선택했고 서랍장에 맞는 개는 방법을 선택한 후 넣을 수 있는 수를 세었더니 총 60개 정도였다.

내 서랍장을 열면 열 맞춰 세워진 티셔츠가 한눈에 보인다. 두께도 다양해서 세워놓지 않았을 때는 일일이 들춰봐야 했지만 지

*양말 서랍장

*바지 서랍장

*옷걸이 옷장

*티셔츠 서랍장

금은 서랍 사이즈에 맞게 개어서 세워놓았더니 두께도 한눈에 보인다. 여러모로 꺼내 입기 편해졌고 수량도 관리가 되고 계절별 입는 셔츠가 어떤 건지도 파악되어서 나의 라이프 스타일이 저절로 만들어졌다.

물론 오차 범위가 있겠지만 나도 아직은 개수 유지가 힘들다. 하지만 이건 확실해졌다. 개수를 정해놓음으로써 쇼핑을 줄이게 되고, 옷이 한눈에 보이니까 딱히 부족함이 느껴지지 않는다는 것이다. 전에는 잘 안 입었던 옷들도 여러 면으로 활용해서 입게 되고, 자신이 좋아하는 취향까지 알게 된다.

심리학자들이 말하길 많은 사람들이 자신을 잘 알고 있다고 착각을 한다고 한다. 정말 내가 그랬다. 심지어 원래 취향이 확고해서 '너만의 스타일이 있다'는 이야기도 듣고 살았지만 정리한 내 옷장을 보면서 느끼는 취향은 또 다르다.

사실 취향은 변하기 마련이다. 그렇기에 더더욱 정리해야 한다. 내가 무엇을 바라보고 어떤 것을 받아들이고 하는지는 옷장을 열어보는 게 최고의 방법이다.

물건과 안녕하게 만드는 3가지 질문

정리는 잘못되거나 어수선하던 것을 바로잡는 것이다. 드레스룸을 정리해 쇼핑 때마다 고민했던 스타일이나 취향을 똑바로 체크해 보는 것이 앞으로의 삶, 미니멀 라이프에도 좋은 영향을 미친다. 나는 공간 습관에 이어 생활 습관까지 들였기 때문에 새 옷을 사면 바로 헌 옷을 버리는 경지에 왔다. 사실 버린다는 것은 꽤나 전문가들이 하는 것 같다. 오만가지 생각 없이 버리기가 정말 힘들기 때문인데 그래서 나는 다양한 방법으로 시도해봤다.

그중에 나에게 잘 먹히는 방법은 쇼핑을 하기 위한 버림이다. 쇼핑을 꽤나 좋아했던 한 사람으로서 '쿨하게 버리고 즐겁게 쇼핑하자'라는 느낌으로 생각을 바꿨다. 아무리 갖고 있는 옷에 애정이 있어도 새로 나온 옷이 더 이뻐 보이는 진리는 깰 수 없었다.

그래서 갖고 있던 옷을 3~5개, 무조건 2개 이상 버리면 새 옷 하나를 택할 수 있는 룰을 만들었다. 나에게 채찍과 당근을 주는 방법을 사용했더니 버려야 할 때 버거움이 줄었고 새 옷을 살 때의 기쁨은 두 배가 되었으며 또 신중히 옷을 고르게 되었다.

이 룰에는 꽤나 잘 적응해서 아직도 이 룰을 가지고 쇼핑을 한다. 지금은 살짝 순서를 바꾸는 노련미도 생겼다. '선 쇼핑, 후 버림'이 되기도 한다. 어쨌든 개수를 유지하는 데 도움이 되기 때문에 좋은 생각인 것은 틀림없다.

그리고 정리에 보상이 꼭 따르지 않더라도 버림이 가능한 방향으로 습관을 들일 필요는 있다. 버림을 위해 정말 다양하게 생각을 해보니 몇 가지 질문으로 축약되는 걸 알게 되었다. 전에는 며칠을 고민해서 버렸다면 지금은 단지 몇 번의 질문으로 '안녕'이 가능하다. 이때 질문은 단 세 가지면 충분하다.

첫째, 앞으로 입을 수 있는 옷인가? - 기능 체크
둘째, 입는다면 모임에 입고 갈 수 있나? - 상태 체크
셋째, 다음 어떤 계절에 입을 것인가? - 상황 체크

아무래도 기능이 살아 있는지, 상태가 깔끔한지, 어떤 상황에 입을 수 있는지가 중요한 포인트였다. 기능은 괜찮아도 외출 시 입고 나가기 힘든 상태면 갖고 있는 의미가 없었고, 기능도 상태도 괜찮지만 활용이 미비할 것 같아도 갖고 있는 의미가 없었다.

예를 들면 여름용 티셔츠를 처음 샀을 때는 여름에만 입다가 자

주 빨고 입고 해서 상태가 안 좋아졌을 때, 봄이나 가을에 재킷 안에 입는 용도로 변경하고 다음에는 겨울에 내의처럼 입었다가 버리는 것이다. 하지만 디자인상 내의로 입을 수 없는 것이 있어서 두 번째에서 탈락되는 옷도 제법 있다. 이런 식으로 자신이 중요하게 생각하는 포인트가 자리 잡는다면 정리는 한결 편해진다.

소통 전문가들이 하는 이야기들이 대부분 자신을 잘 알아야 소통에도 힘겹지 않다고 한다. 정리를 하다 보면 억지로 내면을 보지 않아도 자연스레 느껴지는 부분이 생긴다. 나도 반성하고 고치게 되는 부분이 있었다. 미니멀 라이프가 아니라 맥시멀 라이프여도 정리를 해가면서 다양하게 사고를 해보면 삶에 중요한 포인트가 제법 많아진다.

공간,
테트리스가 필요하다

물건도 집이 필요하다

우리는 공간을 만드는 습관을 들이기 위해서 공간 습관을 연습했다. 이 연습이 끝났다면 이제 물건을 관리하고 유지하는 연습을 할 차례다. 물건에게 자기 자리를 주기 위해서는 물건이 살 ‘집’을 마련해주어야 한다.

20세기, 전 세계 비디오게임 역사에 길이 남을 ‘최강’ 컴퓨터게임이 있었다. 1984년 구소련의 천재 프로그래머가 만든 공간 퍼즐 게임인 ‘테트리스‘가 그 주인공이다. 게임의 룰은 매우 간단하다. 직사각형 공간에 블록을 쌓아 한 줄이 채워지면 그 줄이 사라지는 것이다. 블록의 모양은 네모, 일 자, 기역 자, 니은 자, 모음 ‘ㅗ’와 자음 ‘ㄹ’ 등으로 다양하기에, 직사각형 공간에 여백 없이 채우는 것이 관건이다.

공간을 효율적으로 정리하는 가장 최상의 방법은 테트리스 하듯 딱딱 맞추어 수납하는 것이다. 그러나 그렇게 하기가 쉽지 않다. 우리가 가진 물건들은 모양도 크기도 다양하기 때문이다. 게다가 각이 져 있는 것이 있는가 하면 둥근 형태도 있다. 입체 테트리스의 고수가 온다 한들 쉽지 않은 것이 물건 정리다.

시중에 나와 있는 엄청난 정리수납 물품들이 진짜 도움이 되는 것인가? 정말 고민이 아닐 수 없다. 어쨌든 기본적으로 물건에 줄 집을 만들 때는 박스나 쌓기 쉬운 스퀘어 박스로 정돈하는 것이 최상이다. 서랍이나 어떤 공간에도 네모난 틀로 공간을 나누어 정돈하는 것이 매우 좋은 방법이다. 기존에 갖고 있는 것들을 최대한 사용하는 것이 최고이며 정리 박스를 필요에 의해서 사야 할 경우에는 같은 디자인으로 통일해 구매하는 것을 추천한다.

물건의 주소, 라벨링이 중요하다

나에겐 물건의 위치에 대한 나름의 기준이 있다. 그것은 바로 필요할 때 3분 내에 찾을 수 있는 위치에 놓여 있어야 한다는 것이다. 아무리 비싸고 귀한 물건이라도 내가 필요할 때 찾기까지 시간이 걸리거나 찾다가 시간을 허비할 정도로 꽁꽁 숨겨놓았다면, 그 물건은 내게 '매우 불편한' 물건이 되고 만다.

어떤 때는 특정한 물건을 놔둔 곳이 생각나지 않아 한참을 찾다가 어쩔 수 없이 새것을 사러 외출하는 일도 생긴다. 분명히 집 안

어딘가에 있을 텐데. 열심히 찾으면 100% 나올 물건이지만 당장 찾을 수 없어 불편함을 감수해야 할 때는 얼마나 억울하고 약이 오르는지 모른다. 라벨링은 이런 일들이 벌어지는 것을 사전에 방지해준다.

먼저 노트에 물건 리스트를 적는다. 그리고 종류별로 카테고리로 묶는다. 이 카테고리가 물건의 주소지가 되고 위치를 정하게 된다. 이를테면 '가위, 풀, 연필 등 문구류는 책상 서랍 1', '편지지, 봉투, 스티커 등 문구(봉투 외)에 해당하는 것들은 책상 서랍 2' 등으로 분류해 구별하는 것이다.

다음에는 각각의 서랍에 라벨을 붙인다. 라벨링이 필요한 이유는 혼자이든 가족이 있든 집 안에 있는 물건들은 몇 백 가지가 되기 때문에 한 번에 기억하더라도 오래가지 못하기 때문이다. 대충 위치를 기억하더라도 그 안에 정말 그 물건이 있는지 보려면 서랍장마다 열어봐야 한다. 그리고 정확한 보관 장소를 찾았다 해도 제대로 정리되지 않은 채 물건들이 뒤섞여 있다면 한눈에 찾기란 쉽지 않다. 어떤 물건을 찾든 '여보', '엄마'부터 찾는 가족 구성원들로부터 벗어나기 위해서라도 이런 작업은 반드시 필요하다.

라벨링하는 방법은 내가 분류한 카테고리를 견출지나 마스킹테이프에 적어서 보이는 곳에 붙이는 것이다. 나는 공동 물건이나 수납장에는 큰 카테고리로 라벨링을 해놓는다. 라벨링의 효과는 금방 찾아온다. 남편에게 물건의 위치를 특별히 가르쳐주지 않아도 요구하는 물건을 바로 찾아다 준다. 예로 치약을 가져다 달라고 했을 때 욕실 라벨링된 곳을 금세 찾아서 가져다준다. 5번 장 마지막 서랍이라고 일일이 이야기해주지 않아도, 라벨에 쓰인 품목을 보고 쉽게 찾아다 준다. 그리고 그다음부터는 물품의 위치를 기억하기 때문에 찾기가 점점 수월해진다. 이것이 라벨링이 중요한 이유다.

한 가지 주의할 점은 라벨링이 된 후에는 자리가 바뀌는 일이 없어야 한다는 점이다. 만약 어쩔 수 없이 자리를 바꾸었다면 이 부분에 대한 공지를 반드시 전 가족에게 해야 한다. 공지도 없이 혼자 바꾸기만 하면 아무 소용이 없다. 잊지 말자. 라벨링 후에는 가족끼리 공유가 되어야 하고 가족 구성원이 함께 연습하며 같이 습관을 들여야 한다는 것을.

물건을 정리하는 방법들

물건의 주소지를 노트에 정리하고 라벨링을 했다면, 그다음으로는 물건을 내 동선에 맞게 정리하는 일이다. 정리하는 방법은 다음과 같다.

첫째, 정리할 공간의 그림을 그린다.

둘째, 그림으로 기본 동선을 잡아보면서 그 안에 들어갈 물건 리스트를 작성한다.

셋째, 리스트에서 필요 없는 물건에 삭제 표시를 한다.

넷째, 사용할 물건을 대분류로 묶은 후 라벨링을 한다.

다섯째, 물건의 '집'을 마련해주는 작업을 한다.

예를 들어 책상 위를 정리한다면 노트에 책상을 위에서 내려다본 모양을 그린다. 그린 책상 위에 동선을 생각해가며 물건들을 배치해본다. 동선과 물품 배치가 어느 정도 맞다 싶으면 물긴 리스트를 노트에 적는다. 이렇게 적는 이유는 내 물건 양을 체크해 보기 위해서이고 카테고리별로 묶어보기 위해서이기도 하다.

사실 책상 위에 올려지는 물건들을 일일이 적기 힘들 수도 있다. 워낙 종류도 많고 가지가지라 귀찮기도 할 것이다. 그러나 미니멀 라이프를 생각한다면 리스트로 적어보는 것만으로도 물건의 필요 여부를 생각해볼 수 있기에 꼭 거쳐야 할 절차다.

이 물건의 필요 여부가 양심의 가책이 될 만큼 오버되는 물건들이 있다. 그때는 소유한 개수에서 놀라는데 보통 칼이나 가위, 풀 등의 물건들이 2개를 훌쩍 넘어가는 경우가 많다. 사실 칼이나 가위 같은 것은 꼭 책상 위에서만 사용하는 것은 아니기에 각각 필요한 곳에 놓아두고 사용하면 된다. 그러기 위해서 리스트에서 개수까지 적어서 내가 정말 갖고 있는 양을 파악하는 게 매우 중요하다.

이제 내가 원하는 책상의 기본 레이아웃을 잡고 물건을 정리해본다. 책상 위는 책, 서랍은 문구 및 기타 물품, 문서는 문서꽂이 사용 등으로 나누어서 위치를 잡아준다. 그런 다음 세세하게 물건들을 정리하고 정돈해본다.

책상 서랍은 수납하기가 굉장히 힘든 곳이다. 물건들이 작기도 하고 제각각의 모양이기 때문에 넓은 서랍에 무작정 넣었다가는 서랍을 열고 닫을 때마다 물건들이 뒤엉켜 찾기가 쉽지 않다. 결국 매번 물건을 찾느라 시간을 보내게 되거나 있지만 없는 줄 알고 같은 물품을 또 사는 악순환이 발생한다.

그래서 처음 정리정돈을 할 때에 레이아웃을 잡고 물건 집을 만들어주는 시간이 꼭 필요하다. 시간이 꽤 걸려도 꼭 해야 하는 이유가 여기에 있다.

서랍장에는 꼭 칸막이를 해서 물건마다 자기 집을 만들어주는 것이 중요하다. 페트병을 서랍 높이 만큼 잘라서 사용해도 되고 선물 상자 같은 것을 활용해도 좋다. 영역을 나누어서 한눈에 물건들이 보이게 하는 게 좋다. 이렇게 하면 사용 후에도 꼭 제자리에 놓을 수 있는 습관도 자동으로 만들어진다. 왜냐하면 그 물건 집이 떡하니 비어 있고 단번에 위치를 찾아볼 수 있기 때문에 정리가 저

*책상 서랍

절로 되기 때문이다.

수납의 기본은 물건을 한 번에 꺼낼 수 있어야 한다는 것이다. 아주 작은 문구들도 자기 집을 만들어주어 한 번에 꺼낼 수 있게 해줘야 제자리에 놓을 때도 편하고 습관화하기가 좋다.

물건에 따라, 용도에 따라 정리에 성공하자

나는 공간 테트리스를 잘하기 위해 박스를 많이 활용하는 편이다. 책상 위 정리야 서랍이 있으므로 별도의 박스가 필요 없겠지만, 잡동사니 같은 경우에는 박스에 넣어서 일정 기간 보관해 보는 게 좋다.

무작정 안 쓴다 판단하고 다 버리면 후회할 일이 반드시 생긴다. 이런 일을 보완하기 위해 일정 기간 동안 보관을 해보는 것이 좋다. 진짜 버릴 것은 과감히 버리고, 애매한 것은 보관 상자에 담아서 보관했다가 천천히 버리는 습관으로 바꾸면 좋다.

우리 집 상자에는 옷이 대부분이었다. 애정 어린 옷들을 버리지 못하고 어떻게든 갖고 있었는데 보관 상자에 모아놓고 시즌별로 체크해봤더니 정말 가슴으로만 '애정하고' 있었다. 결국은 입지 않는다는 것을 느끼고는 정리할 수 있었다.

그리고 집집이 많이 갖고 있는 것 중에는 각종 약도 있다. 가족들이 있다면 더더욱 정리를 잘해야 하는 것 중 하나다. 보통 2~3일치 약을 받아두면 다 먹는 일이 적다. 꼭 하루치 아니면 한두 번 먹을 것이 남게 되는데 이 약들을 바로 버리지 않고 다음에 아프면 먹지 싶어서 보관해두는 경우가 많다. 그런데 약도 유통기한이 있고 먹을 수 있는 기간이 있다. 먹는 약뿐만 아니라 연고나 물약 등도 사용 기한이 있으니 수시로 사용 기간을 체크해서 정리해둬야 한다. 그리고 약도 냉장고에 보관해야만 하는 것들이 있으니 보관법에 따라 관리해야 한다.

이렇게 집안 곳곳의 물건들을 리스트로 수량을 체크해 보고 라이프 스타일에 맞게 정량을 찾아가는 것이 매우 중요하다. 정리 순서대로 한번 쭉 해보고 나면 어느 정도 익숙해지기 때문에 그 후에는 꼭 리스트 작성을 하지 않아도 저절로 된다. 언제나 처음이 힘들 뿐 익숙해지고 습관화되면 아무 문제가 없다.

미니멀 라이프를 위한 공간 습관은 언제 완료될까? 이 많은 물건은 언제쯤 자기 집을 찾을까? 상자에 차곡차곡 정리하고 내 공간을 늘 들여다보고 여백을 찾을 때 그때 완료된다.

재활용 vs 재탄생 vs 제로 웨이스트

미니멀이 추구하는 것은 환경

내가 생각하는 미니멀 라이프의 조건은 많은 물건을 갖추지 않고도 생활하는 데 불편함이 없는 것이다. 그리고 거기서 한 발 더 나아가 환경에도 선한 영향을 미칠 수 있어야 한다.

물질만능 시대에 살고 있는 우리 삶은 얼마나 많은 물건을 쓰고 쉽게 버리는가. 때로는 이것이 마치 가장 편하고 트렌디한 삶인 것처럼 착각하기도 한다. 물론 이런 미니멀한 라이프 습관을 남에게 강요하고 싶은 생각은 없다. 그러나 이왕이면 나의 작은 불편함이 곧 다음 세대에 좋은 영향을 주는 것이면 하지 않을 이유가 없다. 더 나아가서는 이 삶을 자랑하고 싶다.

나는 '된장녀'였다. 전 직장인으로서 적당한 월급으로 아무렇지 않게 비싼 커피를 사 먹고 다이어트한다고 샐러드로 배를 채우고 매일매일 입는 오피스룩이 유행에 뒤처지지 않도록 쇼핑을 하면서 환경과는 전혀 상관없이 살았다. 당시는 이렇게 사는 것이 완벽한 삶이라고 생각했다. 딱히 나만 만족하면 그만인 삶이었다. 그리고 예전의 그런 생활을 지금도 즐긴다. 그런 생활이 좋았고 내게 기쁨을 주기에 지금도 그 생활 패턴을 가지고 있다.

하지만 예전과는 조금 달라진 것이 있다. 이왕이면 환경에 좋은 것을 추구하게 되었다. 미니멀이라고 해서 환경과 연결 짓지는 않는다. 나는 환경운동가가 아니다. 그냥 미니멀 라이프를 살며 예전보다 환경에 좀 더 관심을 갖게 되었고 이미 미니멀을 하고 있으니 조금 더 습관을 고치면 환경에 1%라도 좋은 영향을 미칠 수 있을 것 같았다. 긍정 마인드에 긍정적 효과를 플러스하고 싶은 것이다.

커피를 마시되 텀블러를 사용하고 이걸 갖고 다니는 데 불편함이 없도록 핸드메이드 제품으로 텀블러 파우치를 사용한다. 비싼 커피를 마시는 것은 같지만 종이컵이나 플라스틱 컵이 아니라 텀블러를 이용하는 것이다.

또 내 가방엔 늘 헨드메이드 장바구니가 들어 있다. 장을 볼 때도 비닐 사용을 줄이기 위해 노력하고 집 안 살림에도 쓰레기가 덜 나오도록 주의한다. 재활용품을 버릴 때도 제대로 된 재활용을 위해서 깨끗이 씻어서 내놓거나 비닐을 버릴 때도 나누어서 버리는 등의 노력을 하고 있다.

모든 소비와 버림을 환경과 매치해서 바꿔가고 있는 중이다. 미니멀 라이프로 살아가면서 환경과 관련한 선한 노력들이 더욱더 활발하게 진행되면 좋겠다는 생각을 자주 한다.

재활용은 위대하다

집 안을 정리하다 보면 장바구니나 파우치 같은 물건들이 많이 나온다. 장바구니도 정말 다양하다. 마트에서 받은 장바구니, 부직포 같은 재질로 만들어진 장바구니, 모양도 재질도 여러 가지로 나오는 것이 장바구니다.

이런 것들은 사실 버리기 너무 아깝다. 이것들은 사이즈별 보관용으로 이용하면 좋다. 장바구니에 각각 담은 내용을 손잡이에 라벨링 후, 큰 상자에 포개어 보관하면 널브러진 것들이 정리가 된다.

파우치도 이런 식으로 작은 물건들을 담아 보관용으로 사용하면 한 상자에 담을 수 있어서 좋다. 나는 파우치에 작은 전기선이나 케이블들을 담아놓고 사용한다. 요즘은 워낙 다양한 케이블선이 있어서 USB, C-type 등의 선을 종류별로 구분해서 넣어놓으면 나중에 찾아 쓰기 쉽다. 사실 박스에 모아놓더라도 나중에 찾기가 귀찮아서 들춰보지 않을 때가 많기 때문에 장바구니나 파우치를 이렇게 활용하면 좋다.

내 경험상 어떤 보관 상자든 서랍이든 열어봤을 때 찾기가 힘들면 집이 창고가 되기 마련이다. 그때그때 바로 찾아 사용할 수 있어야 하는데 찾기 힘들어서 열어보지 않는다면 공간만 차지하는 꼴이고 필요한 것을 다시 구매해야 하는 악순환이 된다.

이렇게 쌓여 있는 것들을 다양하게 활용하면 좋지만, 사실 많은 물건이 새로 활용하기가 쉽지 않다. 그래도 몇 가지는 매우 활용도가 좋아서 알아두면 좋다.

가장 활용도가 높은 재활용품은 페트병이다. 페트병을 높이에 맞게 자르면 작은 물건 집 만들기에 좋고, 페트병 자체로는 곡물을 담아 보관하기 용이하다. 나는 작은 페트병에 밀가루나 튀김가루 같은 것을 담아놓고 사용한다. 찾기도 쉽고 비닐에 그대로 사용할 때보다 사용이 편하다.

또 많이 활용하는 것이 스타벅스 음료 캐리어인데 매우 튼튼해서 칸막이가 필요한 곳에 활용하기 좋다. 나는 손잡이 부분을 자르고 몸통 부분을 큰 박스에 넣어서 공간을 나눌 때 쓰거나 여러 가지 물건을 담을 때도 쓰고 꾸미기에도 쓰기 좋아서 활용을 많이 하는 편이다. 그 외에 신발장에 넣고 작은 신발을 꽂아서 보관하는 용도로도 딱이다. 여성들은 여름 샌들이나 플랫슈즈, 슬리퍼 같은 것들을 정리하기에 매우 좋다.

재탄생은 착하다

재탄생되는 부분은 우리가 쓰는 물건 중 극히 일부에 불과하다. 그중 하나가 안 입는 옷을 고쳐 입거나 바지를 치마로 수선해서 입는 경우다. 이것을 리사이클링(Recycling)이라고 하는데 특정 물건을 다시 사용할 수 있는 것을 말한다.

사실 바지를 치마로 수선하는 비용이 치마를 새로 사는 비용과 맞먹기 때문에 경제성은 떨어지지만 직접 고칠 수 있는 재주가 있다면 적극 추천한다. 나는 한 번씩 고쳐서 입는 방법을 이용하는데 스판 기가 있는 바지는 수선해서 입으면 매우 편하고 좋다.

그런데 옷 수선도 정작 해보면 그렇게 어렵지 않다. 우리 공방에 오는 분들의 경우 "손재주가 없어요", "나는 똥손이에요" 하는 분들이 있는데, 이분들도 몇 번 해보면 간단히 고쳐 입는 데 성공하는 모습을 보곤 한다.

그마저도 주저가 된다면 나는 핸드메이드 텀블러 파우치를 먼저 만들어보도록 안내한다. 파우치는 정말 초등학생도 만들 수 있고 재봉틀이 없어도 손바느질로도 얼마든지 예쁘고 개성 있게 만들 수 있어 적극 추천한다.

요즘엔 재활용을 이용해 업사이클링을 하는 사회적 기업도 많이 있다. 업사이클링(Upcycling)은 쓸모가 없어져 버려진 물건을 다시 새로운 디자인으로 재해석해 환경적, 예술적 가치를 높이는 재활용 방식이다.

아이들 장난감 같은 경우 이용하는 시기가 지나면 버리는 대신 장난감 공장 같은 데 가져다주면 버리는 비용을 절약할 수 있다. 우리 동네에 있는 '코끼리공장'이 그 대표적인 기업이다. 코끼리공장에서는 버린 장난감을 해체해서 아이들 체험에 활용하고 있다. 플라스틱 분류를 체험하고, 플라스틱 분쇄를 해서 그 플라스틱으로 키링이나 레진아트를 직접 만들어보는 체험이다. 고장 난 장난

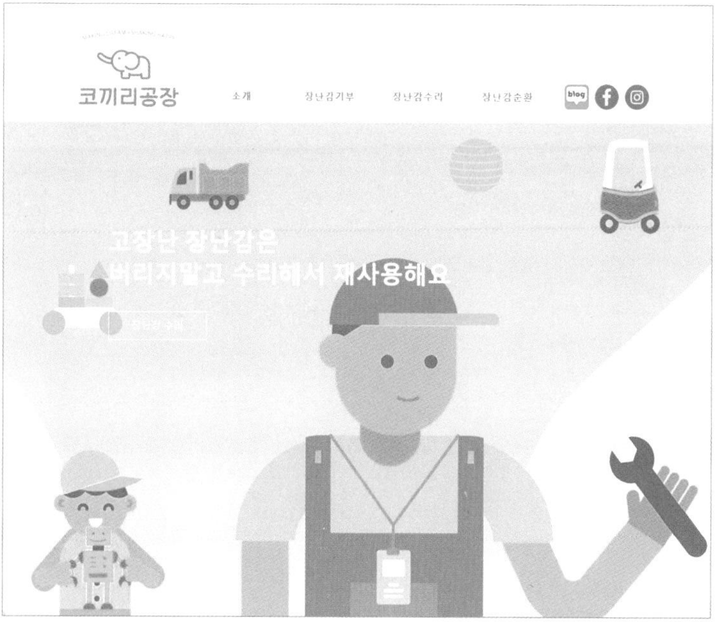

*코끼리공장 홈페이지

감을 수리해서 나누는 착한 사회적 기업이어서 주변에서 많이 활용하고 있다. 이런 사회적 기업을 찾아서 나눔을 하면 좋은 일에 동참하게 되어서 매우 좋다.

사회적 기업 중 '아름다운 가게'는 아마 사람들에게 가장 많이 알려진 자원 재순환, 기부 참여 단체일 것이다. 2002년에 설립된 이 가게는 깔끔하고 괜찮은 옷을 가져다주면 일정 금액을 연말정산에 기부금액으로 처리해주기도 한다. 기부 품목도 다양해 마음만 먹는다면 내겐 필요 없는 물품이 다른 이에게 소중한 자원으로 활용되는 기쁨도 맛볼 수 있다. 이처럼 여러 사회적 기업을 활용하

*아름다운 가게 홈페이지

는 것도 물건을 정리하는 데 많은 도움이 된다.

어려운 제로 웨이스트

사실 생활하면서 제일 어려운 것이 제로 웨이스트다. 환경을 생각해서 분리수거 잘하는 것도 버거운데 제로 웨이스트를 실천한다는 것은 또 다른 문제다. 하지만 핸드메이드 제품을 사용하는 것만으로도 제로 웨이스트를 반 이상 실천한다고 보면 된다.

요즘 제일 많이 하는 것이 빨대 사용을 줄이는 일이다. 내 경우 아이스 음료를 잘 마시지 않기 때문에 빨대 사용할 일이 별로 없지만 그래도 더운 날 아이스 음료를 찾을 때가 생긴다. 빨대를 챙겨줘도 거절하려고 노력하지만 아직도 빨대 없이 마시기 어려운 음료가 있기에 갈등이 많이 생기긴 한다. 그래도 어쩌랴. 환경을 생각하는 미니멀 라이프를 지향하는 자, 늘 노력해야지.

내가 실천하는 제로 웨이스트는 대부분 장 볼 때 이루어진다. 우리 부부가 먹는 적절한 양을 알기에 마트에서 장을 볼 때 어려움이 없다. 보통 2주 정도의 양을 보는데 장을 볼 때도 큰 마트에서 사는 것과 동네 마트에서 사는 것을 나눈다. 이런 룰도 오랜 기간 리스트화하면서 라이프에 맞게 조절하고 변수를 체크해가면서 정리하는 데 꽤 공을 들였다.

그리고 장은 볼 때보다 그 다음이 더 중요하다. 장을 봐온 후 바로 음식 재료들을 정리해야 한다. 포장지를 전부 제거하고 냉동고와 냉장고에 들어갈 것을 분리하고 소분해 냉장고에 넣는 과정까지가 나는 장보기에 포함된다고 생각한다. 냉장고 소분 정리가 되면 버리는 음식이 줄고, 장 볼 때도 필요 없는 소비가 줄며, 건강한 장보기가 가능하다. 장 볼 때도 많은 유혹이 있다. '1+1'으로 유혹하고, 할인으로 유혹하고, 쿠폰으로 유혹한다. 이런 유혹들을 이기려면 냉장고 속을 훤히 꿰차고 있어야 한다.

장 본 후 소분하는 과정을 실천해 보면 여러 가지 정보를 알게 된다. 한 끼당 재료를 얼마나 사용하는지, 1인용으로 필요한 그램수가 얼마인지, 재료 소진 기간이 어떻게 되는지 등을 알게 되면 장 보는 데 도움이 많이 된다. 요리할 때도 소분된 재료를 꺼내 조리만 하면 되니 여러 가지로 편해진다. 반조리 식품을 사는 것보다 내가 냉동고에 소분한 재료로 조리해 먹는 것이 훨씬 맛있고 건강

*채소와 우렁이 소분. 이대로 냉동고에 저장한다.

한 느낌이 든다.

냉장고 속을 파악해야 하는 가장 큰 이유는 이것이 곧 제로 웨이스트를 실천하는 지름길이기 때문이다. 만두가 있는데도 또 사고, 생선이나 고기가 남았는데도 또 사고, 넘치는 냉장고 속을 비우기도 쉽지 않고, 남아 있는 양도 잘 모르겠는 것이 문제다.

제로 웨이스트의 첫번째 실천은 필요한 만큼만 사는 것이지만 처음은 냉장고 파먹기를 먼저 해야 한다. 자신이 어떤 재료를 넘치게 갖고 있는지도 체크가 필요하고 냉장고 속 재료도 보관 기한이 있어서 기한이 오래된 것은 처분해야 한다.

냉장고 파먹기 하는 동안 오래된 것은 버리면서 냉장고 속 재료를 50% 이하로 줄여보자. 그 이후 냉장고 안을 70% 이상 채우지 않게끔 장을 봐야 한다. 나는 냉장실보다 냉동실을 많이 활용하기 때문에 냉동실은 70% 이상을 채우는 편이고 냉장실은 50~70%를 왔다 갔다 한다.

이 과정이 시간이 걸리지만, 이렇게 해야 무엇을 사야 하는지가 쉽게 결정되고, 얼마만큼 장을 보면 되는지가 확연해진다. 냉장고 여유 공간에 따라 장을 보는 게 가능해지기 때문이다.

사실 많은 분들이 냉동실에 식재료를 몇 년 동안이나 보관하기도 한다. 곡물이나 음료, 아이스크림 같은 것들이 딱히 상하지 않기 때문인데, 절대로 이런 보관법이 좋다고 할 수 없다. 오래 보관하면 재료의 수분들이 다 빠져나오기 때문에 맛에도 그다지 좋을 수가 없다. 되도록 짧은 기간 안에 해결할 수 있는 정도로 장을 봐서 세균이 생기기 전에 사용해서 제로 웨이스트 생활을 실천하는 것을 추천한다.

미니멀 라이프는 이처럼 시간을 들여서 삶의 질을 올리는 것이 목표다. 삶의 질이 올라가면 시간을 관리할 수 있는 여유가 생기고, 여유가 생기면 그에 맞는 여유로운 생활이 또 가능해진다. 인생이 재미있어지려면, 그리고 선한 영향력을 조금이라도 행사하면서 살고 싶다면 조금 불편해도 이겨내자. 그러고 나면 삶이 진짜 간결해지고 담백해지는 순간을 만끽하게 된다.

3장

미니멀 라이프 스타일이 내게 준 것들

내가 만든 제품,
내 라이프 스타일에 스며들다

나는 핸드메이드 작가다

나는 공예 작가다. 내 손으로 무엇을 만드는 것을 '공예(工藝)'라고 하는데, 공예는 공학적인 실용품을 다루는 예술 분야다. 나는 계속 핸드메이드에 관심을 두고 있다. 프로가 되고자 열심히 다양한 것들을 만들고 있다.

사실 핸드메이드 제품은 예전부터 있었고 엄마들 세대에서도 많은 이들이 핸드메이드를 만들었다. 손뜨개, 바느질 등으로 말이다. 하지만 이전 세대의 핸드메이드는 아끼고 다시 쓰기 위한 목적의 핸드메이드였다면 지금은 '나'에 집중하기 위해 나의 취향을 누리기 위한 목적의 핸드메이드라는 점이 큰 차이다.

나는 작가로서 또 장인이 되고자 핸드메이드에 집중하고 있다. 나의 여유 있는 느낌과 타고난 감각을 녹여내 만든 핸드메이드 제

*케이크 긴들

*3단 소이 캔들

*카메오 캔들

*로즈 플라워 캔들

*석고 방향제

품을 보고 있노라면 너무 행복하다. 행복감이 깃든 물건들이 내 생활에 녹아들면 내 자존감은 또 하늘을 찌른다. 핸드메이드 제품을 보노라면 하나하나가 작품이다. 세상에 '온리 원'이라는 자부심 또한 나를 기분 좋게 한다.

*소잉 작품 – 장지갑

*소잉 작품 – 에코백

*백팩

*크로스백

핸드메이드 작가여서 좋은 것은 디자인부터 만드는 과정 전반에 내가 수작업으로 모두 참여한다는 점이다. 이 점이 그 무엇보다 매력적이다. 아날로그적 수공예를 재현하는 과정은 나의 인지적 사고를 다양하게 확장해주는 과정이기도 해서 나의 라이프 스타

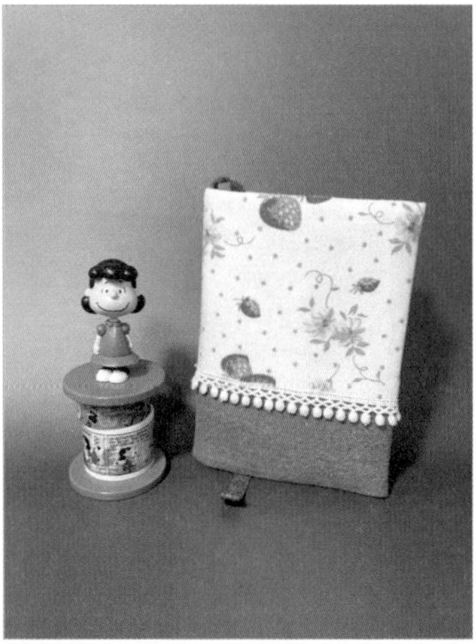

*소잉 작품 – 다이어리 커버

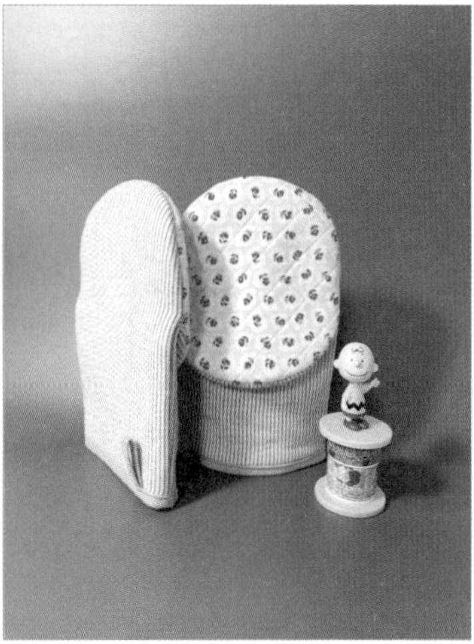

*소잉 작품 – 주방 장갑

일을 훨씬 풍부하게 해준다.

누구나 창작자가 될 수 있다

유튜브, 아프리카TV, 네이버TV, 카카오TV, 틱톡 등의 동영상 플랫폼 활용이 일상이 되고부터는 무엇을 배우거나 정보를 찾고자 할 때 동영상을 활용하는 사람들이 많아지고 있다. 그러면서 크리에이터(Creator)에 대한 관심도 매우 커졌다. 크리에이터는 무언가를 만드는 사람으로 생산자, 작가들이며 요즘 뜨고 있는 직업이기도 하다.

직업의 세계관이 여러 방면으로 확장되면서 1인 미디어 시대가 열렸다. 거기에 콘텐츠라는 것도 개개인의 각종 아이디어를 녹여 내면 무한한 확장이 가능한 진정한 멀티미디어 시대다. 자신의 PR도 거리낌 없이 가능하고 조직에서는 안 되는 것도 가능하게 해주는 창작 비즈니스다. 정말 매력이 터지는 직종이 아닐 수 없다.

그런 크리에이터 가운데서도 이런 동영상 크리에이터는 진입 장벽이 낮다. 누구나 장비와 기술만 있으면 새로운 영상을 만들어 낼 수 있고 플랫폼에 올리는 기준도 정해진 것이 없다.

그러나 공예 작가, 즉 공예 크리에이터는 다르다. 누구나 도전하기는 쉬워도 업이 되어 제대로 일하기까지는 많은 시간이 필요하다. 도전은 가능하지만 긴 호흡으로 도전해야 가능하다. 그러나 한번 도전해본다면 정말 매력 넘치는 크리에이터가 공예 작가다.

배움에도 때와 장소가 중요하다

요즘엔 정말 매체가 다양해 얼마든지 크리에이티브로서 실력을 펼칠 기회가 넘쳐난다. 클래스101, 패스트캠퍼스 등의 온라인 클래스 플랫폼이 많아져서 배움의 기회 또한 정말 다양하다. 비대면으로도 기술적인 것을 편하게 배울 수 있는 장점이 있다. 특별한 관계를 맺지 않고도 편하게 수업을 들을 수 있고 또한 어떤 자세로도 기술 습득이 가능하니 깊게 도전하기 이전에 나와 맞는지가 궁금할 때 이용하면 매우 좋다.

나는 그럼에도 공방을 선호하는 편이다. 실제로 몸을 부딪쳐 배우는 것은 피드백 없는 동영상으로 배우는 것보다 크나큰 배움을 준다. 만드는 과정 자체에 대한 배움은 어떤 매체로도 가능하지만 삶의 철학이나 핸드메이드를 대하는 태도와 집중도의 깊이가 다르다.

캔들 수업은 실제 수업시간보다 기다림의 시간이 길다. 작품을 만드는 과정에서도 일정 시간을 들여 파라핀을 굳게 해야 다음 단계를 밟을 수 있는 경우가 많기 때문에 이 기다림을 그냥 보내지 않는다. 선생님과 다양한 이야기도 가능하고 작품에 대한 기대와 경험에 관한 이야기도 하면서 시간을 보낸다.

소잉 수업도 수업에서만 자잘한 실수나 오해에서 비롯된 것들을 바로잡을 수 있다. 혼자서는 대충 넘기던 것들도 수업에서는 제대로 해야 패스가 되니까 작품을 만들 때 중요한 포인트가 될 수밖에 없다.

열정이 녹아드는 세계관이 필요하다

나는 소잉 디자이너 겸 소잉 마이스터이며 캔들 작가이고 취미 작가다. 공예 작가가 되기까지 시간을 많이 투자했다. 이 시간을 나는 열정이라 부르고 싶다. 멍 때리며 보낸 시간도 포함해서 말이다. 내 열정은 내가 만들어온 작품들로 표현되고 있다.

얼마 전 내 스승인 소잉 선생님을 응원하기 위해 '수강생 모집 프로모션' 이벤트를 기획했다. 소잉 선생님과 함께 티매트(Tea

Mat), 일명 컵받침을 만들어 이벤트 선물로 나눠주었더니 꽤 인기가 있었다. 프로모션(Promotion)은 광고를 위한 판촉 활동을 의미하는데 처음으로 기획한 프로모션이 반응이 생기니 1인 창업자로서 너무 뿌듯했다. 여기서 내 열정의 대상은 티매트였는데, 내가 만든 티매트는 조각조각 난 원단을 연결해서 만든 것으로 수작업이 아니면 만들기 힘든 패턴이라 이벤트로 사용하기에는 아깝다는 의견들이 있을 만큼 괜찮은 작품이었다. 무엇보다 내 열정이 이벤트 참여자에게도 전해져서 선택된다는 것이 감동으로 왔다.

나는 전시회를 좋아한다. 원래 미술 작품 보는 것을 좋아하긴 했는데 시간 여유가 생기면서 더 자주 작품을 보려고 노력한다. 이제는 작품을 보고 감상만 하는 것이 아니라 작품관이나 작가의 세계관에도 관심이 생겼다. 이런 내적인 이야기에 귀를 기울여야 하는 이유는 내 작업에도 세계관(世界觀, World View)이 필요하기 때문이다. 나는 세계관이 뚜렷할수록 작가의 개성이 많이 묻어난다고 생각한다.

나에게도 나름의 개성이 있었지만 창작자로서의 개성을 표현하는 방법을 배우기 위해서는 이미 세계관을 구축해 작품을 만들어낸 작가들을 들여다보는 것이 중요하다고 생각했다. 나에게 그 첫 경험을 준 것은 영화 〈스타워즈〉였다. 누구에게나 이끌림이라는 것이 있을 텐데, 나는 그 영화로 난생처음 특별한 세계관을 느꼈다.

〈스타워즈〉는 우주를 배경으로 다양한 외계 종족과 행성을 보여주었다. 인간이라는 종을 넘어서서, 지구라는 별을 넘어서서 다른 차원의 행성과 다른 종의 외계인을 등장시킴으로써 〈스타워즈〉는 우리의 상상력을 드넓은 우주로 끌고 갔다. 그 다양한 행성과 우주 공간을 넘나드는 세계관 속에서 나는 개성 넘치는 캐릭터들에게 혼을 빼앗겼다. 나는 우주라는 소재도 좋아해서 〈스타워즈〉는 내 평생 가치 있는 작품으로 남아 있다.

나는 세계관을 맨 처음 영화로 만나게 되었지만 창작자가 된 지금 나만의 개성 있는 세계관을 구축할 필요를 매우 절실히 느낀다. 따라서 무료로 나눠주는 이벤트에 쓰려고 만든 티매트에도 나의 개성과 세계관이 흠뻑 묻어났으면 하고 바란다. 그리고 나의 열정 역시 녹아들었으면 하고 바란다.

라이프, 제품을 만들다

나는 정리수납 전문가가 되면서 물건 양을 줄이되 물건의 질은 높아야 한다는 것을 깨달았다. 그러면서 핸드메이드에도 더욱 관심이 높아졌다. 특히 소잉 작품을 만들면서 원단을 필수적으로 많이 보게 된다. 그만큼 원단의 종류가 많고 질도 매우 다양하기 때문이다. 원단의 경우 질이 좋으면 가격이 비싸고 질이 떨어지면 가격이 싸지만 원체 좋은 원단이 많다. 그러다 보니 자연스레 질도 좋고 예쁜 원단을 찾게 된다.

이렇게 고심해 고른 원단으로 만든 작품은 질이 떨어질 수가 없다. 고급스러운 원단인 만큼 작품도 매우 완성도 높게 나오기 때문이다. 내가 미니멀 라이프를 하면서도 원단 소비에만큼은 미니멀을 유지하지 않는 것도 다 이런 이유 때문이다. 작품에 대한 소비 비중이 큰 것이다. 수제품이 원래 비싸다는 인식은 있으나 막상 소잉 수제품의 가격을 보면 차라리 명품을 사겠다는 마음이 들 정도로 가격대가 높게 형성되어 있다.

따라서 내가 만드는 핸드메이드의 질은 절대로 좋을 수밖에 없다. 이 점은 작가로서 자부하는 바다. 부자재 또한 좋은 것들이어서 작업에 정성까지 넣으면 물건의 좋은 기운이 엄청난 시너지 효과를 발휘하면서 빛을 발하는 것을 느낀다. 내가 만든 제품에 나의 라이프 스타일이 녹아 있는 것을 실감하는 순간이다. 이렇게 작품을 완성하고 나면, 작지만 소소한 소품에도 좋은 기운이 흐르니 좋지 않을 수가 없다.

제품에 좋은 기운이 흐르면 자연스럽게 그 제품이 닿는 물건에도 좋은 기운이 흐르게 마련이다. 그래서 화분에 내가 만든 매트를 깔아주면 화분의 식물과 꽃이 잘 자라는 것 같다. 만드는 정성과 좋은 기운이 듬뿍 들어간 질 좋은 재료가 사용된 핸드메이드 제품이야말로 명품 중의 명품이라고 생각한다.

나에겐 내가 지향하는 나만의 라이프 스타일이 있다. 그리고 핸드메이드 작가로서 창작자의 삶을 살아가고 있는 지금, 나는 나만의 라이프 스타일이 나만의 제품에 묻어나기를 바라고 또 바란다. 미니멀 라이프와 환경을 생각하는 마음, 그리고 자기만의 개성과 매력을 담을 수 있고 그에 더해 세계관까지 표현할 수 있다면, 그

제품은 그야말로 나에게 최고의 만족감을 주는 물건이 될 것이다. 거창하지 않아도 좋다. 나는 나만의 감성을 올리고 나만의 감성을 녹여서 나에게 만족스러운 제품을 만들어 행복하게 사는 삶을 꿈꾼다.

시간,
줍줍하다

프로그래머를 그만두고 생긴 정리와 수납의 욕심

나는 공방 창업을 꿈꾸기 전까지 15년 차 프로그래머로 일하고 있었다. 회사를 그만두었을 때 앞으로 무엇을 하고 살아야 하나 곰곰이 생각해 보니 컴퓨터 외에 할 줄 아는 게 아무것도 없다는 것을 알게 되었다. 하물며 살림조차도 어려웠다.

때마침 신혼집 이사 준비도 해야 했고 여러 가지로 다시 배워야 할 것이 너무 많았다. 남편과 작은 집으로 이사하기로 결정하고서 나는 집 꾸미기, 집 정리, 앞으로 살아갈 방향 등등 생각할 것이 넘쳐나는 와중에 우연히도 정리수납 전문가 2급 교육을 접하게 되었다. 지인 소개로 등록하게 된 이 수업이 내게 엄청난 변화를 가져왔다. 정리수납이란 게 무엇인지, 어떤 내용인지 자세히는 몰라도 내가 지금 정리를 잘해야 되는데 해도 해도 힘든 시점이었기 때문에 정말 적절한 시기에 좋은 수업을 들을 수 있었다.

나는 다른 사람들에 비해서 가지고 있는 물건이 비교적 적다. 오랫동안 고향을 떠나 대구와 서울, 일본 등을 돌아다니며 타지 생활을 많이 한 데다가 고향인 울산에 돌아왔을 때에도 자주 옮겨 다닐 것을 염두에 두어서 꼭 필요한 것 외에는 갖추지 않으려 했다. 이런 내가 정리수납을 배우는 것이 아이러니했지만, 나는 아무리 소유한 물건이 적어도 기본적으로 안정적이고도 일목요연하게 카테고리별로 나누어 물건을 정리하고 싶은 욕심은 있었다. 그래서 처음에는 혼자서 집 물건을 나름 구역별, 사용별로 나누어 정리해 보았지만 뜻대로 되지 않았고 그래서 작정하고 정리수납 수업을 듣게 된 것이다.

문제는 '개수'였다

처음 정리수납을 듣게 되었을 때 가장 궁금했던 것은 어떤 기준으로 카테고리를 나누느냐 하는 것이었다. 물건의 구획 정하는 것을 한 번도 배워본 적이 없었기에 그저 속으로 막연하게 사용별, 구역별로 카테고리를 나누면 되겠지 생각한 게 다였다.

그런데 정리수납 수업을 들으면서 아무리 구역별, 사용별로 나누어도 개수가 많으면 그다지 큰 효과가 없다는 점을 깨닫게 되었다. '정리의 신'이 오더라도 물리적인 양 자체가 많으면 소용이 없는 것이다. 개수가 무엇보다 중요했다.

'이 많은 물건들이 정말 내가 살아가는 데 다 필요한 것인가?'

이런 의문을 갖는 것이 정리수납의 출발이었다. 살아가는 데 필요한 것들만 갖추면 되지 여유분을 많이 가지고 있을 필요가 없다는 결론이 나왔다.

보통 어릴 때 엄마가 새 옷을 사 주면 몇 년 동안 클 사이즈까지 계산해서 넉넉한 크기로 옷을 사준다. 하지만 성인이 된 후에는 굳이 큰 사이즈를 살 필요가 없다. 그런데 나는 성인이 되었는데도 딱 맞는 사이즈 사기가 이상하게 아까웠던 시절이 있었다. 왠지 살이 더 찌거나 또는 빠질 것 같아서 넉넉하거나 또는 꽉 끼는 듯한 느낌의 옷을 구매했던 적이 있다. 이렇게 사야 좀 더 오래 옷을 입을 수 있을 것 같았다. 더 이상 몸이 불거나 줄지 않는다는 것을 깨닫기까지 현실과 동떨어진 쇼핑을 했었다.

집 안 물건에도 이런 룰을 깨뜨려야 한다. '언젠가는 사용할 거야'라는 생각으로 모아두는 것들이 얼마나 많은지 모른다. 자세히 집 안을 들여다보면 집 안 물건들은 쉽게 닳지 않는다. 여러 개 가지고 있을 이유가 없다.

하물며 좋은 기능과 품질로 유혹하는 물건들을 들이기 위해서는 기존 물건을 버려야 함에도 성능에 문제가 없으니 가지고 보관만 하고 있을 뿐이다. 딱히 사용하지 않을 테지만 버리기엔 너무 아깝기 때문인데 이런 문제들을 하나씩 해결해야 한다.

새 기능을 활용하기 위해서는 새 제품에 온 정신을 쏟아야 한다. 이미 앞선 기술을 받아들였는데 기존 물건에 손이 안 가는 건 당연지사다. 그렇다면 뭐 하러 집 안에 남아 있는 소중한 공간을 사용하지도 않을 물건의 보관 용도로 사용하는가. 한번 깨닫고 나니 처분할 것들이 보이기 시작했다. 기본적으로 많이 갖추지 않고 살고 있다 자부했는데도 막상 정리에 돌입하니 버릴 게 천지였다.

정리 수납, 1단계에 도전

총 15시간 정도의 과정인 정리수납 2급은 정리정돈의 개념이나 방법 정도를 배우는데 내용이 너무 알차고 살림에도 도움이 되는 내용이 많아서 정말 기뻤다.

구역별로 정리하는 방법들이 다양함에도 일차원적인 내용들로만 배운 것이 못내 아쉬워서 이왕 시간 내서 배우는 김에 정리수납 1급까지 도전하게 되었다. 그리고 1급을 따야지만 일로 연계가 가능하다는 사실도 한몫했다. 이렇게 나는 미니멀 라이프로 안정감을 찾고 정리수납 전문가가 되어가는 선택지로 향하게 되었다.

정리수납 전문가 1급에서는 2급에서의 부족한 부분들을 많이 배우게 되는데 우선 집 안 전체를 인테리어 전문가 못지않게 레이아웃 잡는 것까지 배운다. 그리고 공간에 좋은 기운을 담을 수 있게 위치나 소품도 좋은 것을 활용하는 방법까지 배워서 삶이 이뻐지는 기분까지 느껴진다. 왜 진작에 이런 교육을 받지 못했나 싶어서 너무 안타까웠다. 집 안 물건들이 자기 자리에 있을 때 최고의 기능을 낸다는 것을 늦게라도 깨닫게 되어 다행이다 싶었다.

슬로우한 시간, 슬로우한 마음 모두 필요하다

내가 미니멀 라이프를 살아야겠다고 마음먹고서 삶을 생각했을 때, 또 중요한 한 가지가 '슬로우(Slow)' 정신이다. 슬로우로 살아갈 시간이 내겐 무엇보다 필요했다. 슬로우 정신이란 급하지 않게 무엇이든 천천히 성취하겠다는 마음으로 실천해 보는 것이다.

내가 슬로우 정신을 찾은 이유는 자연스러운 과정이었다. 전쟁에 나가는 마음으로 사회생활도 오래 해봤고 적지 않은 나이에 결혼해서 마음의 안정까지 느끼고 있었기에 가능했다. 바쁘게 살아온 시간이 어땠는지 익히 알고 있었던 데다가 결혼이 주는 안정감이 내게 여유로운 시간을 가져도 된다는 용기를 주었다. 이제 슬로우가 더 이상 '이상'이나 '꿈'이 아니라 현실이 될 수 있었다. 내게는 결혼이 안정감을 주었지만, 혼자서도 얼마든지 안정감을 느끼는 사람이라면 당장 슬로우에 도전해도 된다고 생각한다. 그리고 더더욱 슬로우 시간이 중요한 것은 정리에 있어서 서두르지 않고 정성껏 해야 뒤탈도 없이 유지가 되기 때문이다.

정리정돈에는 필수적으로 물리적인 시간이 필요하다. 또 넉넉하게 시간을 들인 만큼 정리정돈 효과도 훨씬 좋다. 내가 이렇게 시간의 필요성을 강조하는 것은, 정리해가는 과정에 들인 수고와 고민만으로도 미니멀 라이프를 하겠다고 마음먹은 만큼이나 자연스레 자리 잡히는 과정이 되기 때문이다. 거기다 생활이 슬로우해지는 데 애쓰지 않아도 자연스레 되니 일석이조가 아닐수 없다.

정리는 시간이 많이 필요한 작업이다. 급하게 마음먹지 않고 천천히 한 발짝씩 실천했을 때 비로소 미니멀 라이프한 삶의 방식에 다가서게 된다. 하루이틀 안에 결과를 보려고 조급하게 하거나 급하게 하면 후회할 일이 반드시 발생하게 마련이고 그렇게 되면 다시는 정리하고 싶은 마음이 안 들기 때문이다. 절차가 조금은 까다롭고 귀찮아도 천천히 생각의 과정을 거치고 판단하에 정리하는 것이 후회 할 일을 만들지 않는 지름길이다.

슬로우하게 정리하는 방법

슬로우하게 정리하는 방법은 어렵지 않다. 무엇보다 정리할 때 하나하나 메모장에 적고 도면을 그려가면서 이렇게 해야 하는 이유와 이렇게 했을 때의 공간을 가늠해 보는 시간을 갖는 것이다. 그렇게 그림을 그리고 메모지에 적다 보면 이런 것까지 집에 있었나 싶은 경우도 있다. 그때가 정리의 적기다.

처음엔 여러 가지 생각을 겹쳐서 하느라 결론이 빨리 나지 않을 때가 많다. 거실에서 사용할지 방에서 사용할지 가늠이 안 돼서 보류하는 것들이 한둘 쌓이면 정리가 또 멈추어지거나 마무리도 안 된 상태로 중지돼버리기도 한다.

고객들 집을 정리하다 보면 한 집에 여러 명이 구간별로 들어가서 정리를 한다. 전문가들이 정리를 하더라도 최종 결정권은 고객에게 있기 때문에 정리 전문가들이 일일이 확인을 받기 위해서 질문을 하면 고객은 정신없을 때가 많다. 깊이 생각해 보지 않고 전문가에게 맡기는 경우도 많아서 정리가 끝난 후 문의를 많이 한다. 자신이 직접 정리를 하지 않았기 때문에 동선이나 취향이 배제된 경우가 생기기 때문이다. 이런 일을 방지하려면 자신의 취향이나 동선을 늘 생각해가면서 천천히 정리를 해야 오류가 적어진다. 이때 메모와 그림은 그릇된 선택을 하지 않도록 도와줄 수 있다.

혼자 하기 엄두가 안 나거나 정리를 해야 하는 전체 기간을 줄이고 싶으면 전문가와 함께 하는 게 맞다. 대신에 하루이틀에 끝내려 들지 말고 장시간 들여서 꼼꼼히 해야 문제도 탈도 없다.

시간, 줍줍할 수밖에 없다

나는 작은 집으로 이사온 지 벌써 4년째다. 처음 1년 동안은 엄청난 뒤죽박죽 정리정돈이 끝없이 실행되었다. 집에 오면 쉰다기보다는 정리만 했고 몸은 쉬어도 머리는 정리에 관한 생각으로 복잡하기만 했다. 그 후 차츰차츰 정리가 되고 정돈이 되니 물건들이 자기 자리를 다 잡아가고 동선도 깔끔해졌으며 물건의 절대적인 양도 줄었다.

특히 물건 양을 줄이는 과정에서 빈 곳마다 꽉꽉 채울 수밖에 없었던 것들이 없어지고 나니 작은 집에 숨통이 트이기 시작했다. 물건 상자로 답답하기만 했었던 공간도 이제는 여유롭다.

적당한 '물건의 양'을 찾았기 때문에 드문드문 빈 공간도 있다. 이런 날이 오다니 감격스럽다. 전체적으로 자리 잡은 것은 2년 차가 넘었을 때지만 안정적인 물건 양이 자리 잡은 것은 3년 차가 되었을 때다. 아무래도 미니멀 라이프를 생활화하는 데 시간이 걸린 듯하다. 말이야 쉽지 '지금부터 미니멀 라이프야' 하고 시작하는 게 아니어서 심리적 마인드 컨트롤까지 적응하기는 쉽지 않다.

이렇게 안정적인 생활이 시작되면 그 후론 남는 게 시간이다. 막상 생활에 자주 사용하는 물품들은 얼마 안 된다. 그렇기에 청소하기만 쉬워지면 그 외엔 손댈 게 없다. 정리를 오랜 시간 했기에 특별히 못 찾는 물건이 없고 공간이 비어 있으니 걸리적거리는 것도 거의 없다. 이제 남은 시간을 어떻게 활용할 것인가만 중요하다.

나는 이사하면서 집 꾸미기에 관심을 두었으므로 취미를 집 꾸미기에 초점을 맞추게 되었다. 인테리어라기엔 부끄럽지만 정리수납 교육을 받으면서 자연스레 집 꾸미기도 배우게 됐다. 이왕이면 좋은 기운을 가지게 하는 꾸미기는 당연히 우리 집에도 적용했다.

동선과 기능에 맞는 가구, 집 안을 아늑하게 해줄 조명, 아기자기한 피규어, 집에 좋은 기운을 불어 넣어줄 화분, 거기다 내 기분을 업시켜줄 향까지. 이렇게 시간과 취미를 가지게 된 나는 정리수납 전문가로 거듭난 후 캔들을 배우러 갔다. 그 후엔 소잉 전문가로 거듭나게 되었다. 내 라이프에 넘쳐난 시간 덕에 좋은 기운을 만들고 행복한 생활을 만끽하기 위한 취미 생활을 누리고 있다.

취미 부자, 감성 부자, 거기에 호기심 부자

마음 부자가 되자

일반적인 부자가 되고자 하는 것은 좋은 마음가짐이다. 하지만 경제적인 부자 말고도 마음의 부자가 되는 것도 좋다고 생각한다. 미니멀 라이프는 불필요한 것을 줄이고 최소한의 것으로 살아가고자 하는 것이 목표인데 이것이 자리 잡으면 마음의 여유가 생기고 시간이 넉넉해진다. 그러면 '이런 여유들과 시간을 마냥 허비할 수는 없지'라는 마음 씀씀이가 피어난다. 그와 동시에 의미 있는 삶을 살고자 주변을 보게 된다.

나는 현재 딩크족으로 살고 있다. 결혼을 늦게 하기도 했고 사회생활을 좋아해서 자연스레 딩크족이 되었는데 주변엔 결혼해서 아이를 낳아 육아로 바쁘게 사는 친구들이 많다. 시간이 넉넉한 내가 육아란 정말 '시간을 호되게 보낼 수밖에 없는 일이구나'라고 느끼게 되면서 조카들과 좋은 시간들을 가지면 좋겠다는 마음이 생겼다. 때가 되면 선물이나 사 주거나 용돈만 주는 것이 아니라 시간들을 함께 누리면서 만들고 경험하고 이야기하면서 좋은 추억을 주고 싶다는 마음이 생긴 것이다.

그리고 정리수납 전문가가 되고 소잉을 배우면서 자연스레 업사이클링, 리사이클링에 관심을 가지게 되고 생활에 접목해 보고 싶은 호기심도 생기면서 미래를 위한 마음가짐도 달라지고 있다. 이런 생각들이 나를 마음 부자가 되게 이끌고 있다. 자연스레 쓰레기를 줄이고자 노력하게 되고 자연 변화에 단 1%라도 도움이 되고 싶고 이왕이면 내 물건을 오래 쓰고 싶어지고 버리기 전에 다르게 더 사용할 수 없는지 재활용에도 시선을 두게 된다. 남은 시간들을 정리해야지 하는 마음으로 사느니 시간이 걸려도 정리한 후에 멋들어지게 마음 부자로 살아보면 어떨까 한다.

내가 바라는 부자는 취미 부자

나는 마음 부자가 되면서 취미 부자가 되기로 결정했다. 이전 취미라고는 등산이라든가 출사라든가 간간이 드라이브 겸 맛집 투어, 시즌별로 여행을 하는 정도로, 주말을 활용해서 힐링을 겸해 하는 취미밖에 없었다. 나는 그나마 돌아다니는 것을 좋아해서 주로 집 밖을 나가는 종류의 취미를 가졌었는데 마음 부자가 된 이후로는 여유로운 시간들을 보내기엔 그닥 좋지 않은 것들이어서 다른 취미들을 찾아다녔다.

우선 인테리어에 도움되는 것들로 시작했는데 그중 하나가 캔들 만들기였다. 신혼 선물로 받은 캔들 워머(Candle Warmer, 직접 불을 붙여 양초를 태우는 방식이 아니라 전기로 열을 가해 캔들의 효과를 내는 것)와 캔들이 집 안에 좋은 기운을 주었다. 초와 워머가 같이 있는 방식이어서 인테리어로도 예쁘고 향초를 피움으로써 집 안에 은은한 향이 퍼져 심신 안정 효과에도 좋아서 관심이 갔다. 무엇보다 냄새 제거에 탁월한 효과가 있었고, 습기 제거에도 기능적으로 괜찮은 아이템이다. 시간을 줍줍하는 시간 부자이다 보니 배우러 간 김에 전문가 과정까지 습득해버렸다.

다음에는 소잉을 배우러 갔다. 이전에 스타일리스트 자격증을 따느라 공부하면서 소잉으로 스타일에 접목시킬 수 있을 것 같아 처음엔 단순히 미싱을 배워야겠다 싶어서 갔는데 배워보니 재능이 있었다. 공학도였던 내가 미싱과는 거리가 한참 멀 거라 생각했는데 소잉 작품에 공학의 사고력이 너무 딱 들어맞아서인가 배우기가 쉬웠다.

미싱을 할 때 가장 중요한 것은 원단의 겉과 겉을 맞대놓고 원단 안쪽에서 박음질을 해야 한다는 것이다. 그렇게 다 미싱을 돌리고 나서 마지막에 3~5센티미터 정도의 창구멍을 내어 뒤집어야 하나의 완성된 작품이 나온다. 그런데 안쪽에서 박아서 만드는 이 작업이 처음엔 엄청 헷갈린다.

뒤집어서 똑바른 상태가 되려면 미싱으로 박기 전에 원단을 잘 맞춰야 한다. 원단 무늬도 생각해야 하고 부자재에 따라 박는 순서도 다르고 해서 선생님의 설명만으로 이해하기가 쉽지 않았다. 이런 부분에서 내가 이해도가 높은 편이었는데 작품 때마다 그렇게 어렵지 않게 해내니 소잉 선생님의 칭찬을 업고 또 전문가 길로 들어갔다.

시간 부자, 취미 부자인 나는 저녁 시간에도 배우러 다녔다. 요즘 국가에서 밀고 있는 인공지능 교육이 한창인데 이 교육 또한 한때 프로그래머였던 내가 놓칠 수가 없었다. 4차 산업혁명이 지나고 5차 산업혁명이 올 거라는 무시무시한 현실을 시간 부자인 내가 무시할 순 없었다. 인공지능, 메타버스 무엇 하나 버릴 수 없는 현실이니까.

거기다 공방을 차려야겠다는 결심을 하고부터는 공방과 관련된 취미들을 찾아보기 시작했다. 레진아트도 재미있어서 배우고 캘리그라피도 배우고 북아트도 배웠다. 아직 못 배운 것도 많은지라 앞으로 배울 게 무궁무진하다는 것이 너무 즐겁다. 배움이 끝없이 펼쳐져 있단 생각이 앞으로 남은 삶에 엄청난 활력소를 준다.

감성 부자도 빼놓을 수 없다

나는 프로그래머 집단에서 이질적이게도 꾸미기를 매우 좋아했다. 언제나 알록달록한 옷을 입고 앉아서 컴퓨터 자판을 두드리고 있으면 주변에서 신기하게 보고는 했다. 원래 타고난 성향인 거라

짐작하지만 꾸미기를 좋아하는 것이 공방이랑 너무너무 잘 어울리기에 취미 생활을 직업으로 삼을 공방 창업에 도전하게 되었다.

사무실 책상 위를 꾸밀 때도, 자취방을 꾸밀 때도 늘 남들보다 많은 물건들로 꾸미곤 하지만 그래도 그 많은 것들이 서로 어울리면서 오히려 아늑해지는 느낌을 받고는 했다. 그리고 이런 느낌이 표출될 때는 기분이 정말 날아갈 듯 좋아졌다. 내가 말하고 싶은 것들이 표현되는 느낌이 들어서다.

감성은 감각을 통해 느껴지는 것인데 무언가 특별한 내가 된 것 같은 감성이 표출되는 것 같았다. 그 특별한 나를 알리기 위해 내게는 반드시 취미 생활이 필요하다. 내 감성은 말로만 표현하기엔 충분치 않은 듯해서 무언가 작품을 남기자는 욕심이 생겼다.

우리 공방에 와서 나만의 개성이 담긴 내가 만든 작품으로, 내가 알려주는 가이드에 따라 타인이 그들 고유의 감각을 발현시킨다면 정말 너무나도 멋질 거란 생각이 들었다. 또 이것은 내 삶에도 큰 의미가 되어줄 것이다. 태어나서 이름을 남기기 위해 권력을 쥐고 싶어 하는 이들이 있다면, 나는 내 작품을 남겨서 이름을 알리고 싶다는 욕심도 조심스럽게 품어본다. 나만의 풍부한 감성을 밑천으로 삼아서 말이다.

호기심은 삶을 풍요롭게 해주는 원동력

나에겐 다른 이와 비교되는 점이 있다. 스스로도 좀 인정하는 부분인데 호기심이 넘친다는 것이다. 호기심이 커서 문제를 일으킬 정도는 아니지만 우선 도전 부분에서 무모하리만치 잘 덤벼드는 편이다.

내가 처음 서울에 간 것이 2001년이다. 고향이 울산이라 서울에 연고가 없었기에 주변에서 엄청 말렸었다. 하지만 내 호기심은 낯선 도시로의 출발을 막지 못했다. 서울 생활이 나를 기다린다는 생각이 강하게 들어서 포기할 수 없었다. 포기하지 않은 덕에 나는 2002년 월드컵을 서울 시청역 광장 앞에서 붉은 악마가 되어 열렬히 응원할 수 있었다. 그때 그 추억은 아직도 뉴스에 나오는 사진 자료 속에 남아 있다. 나란 사람이 티가 날 정도로 크게 찍힌 건 아니지만 이른바 '시골 출신'이 그 현장 속에 있었다는 자부심은 내 가슴속에 남아 있다. 아직도 2002년 자료 사진을 보면 심장이 마구마구 뛴다.

2009년에는 일본으로 건너가 혼자 도쿄에서 생활했다. 당시는 엔화 환율이 1,500원을 찍을 때여서 그때도 주변에서 가지 말라고 말렸다. 그러나 이상하게도 지금 아니면 안 될 것 같은 호기심에 무작정 출발했다. 그렇게 도쿄에서 2년여를 머물고 2011년 3월에 개인 사정으로 한국으로 돌아왔는데, 귀국하자마자 후쿠시마 원전 사고가 터졌고 이후로 오랫동안 일본 출국길이 막히고 말았다. 지금 돌이켜보면 그때 가지 않았더라면 정말 영영 못 갔을 뻔했다. 원전이 터질 거라고 누가 상상이나 했겠는가. 다들 다음 기회가 있을 거라고 했지만 나는 내 호기심 덕을 톡톡히 본 셈이다.

프로그래머 15년 차 생활을 청산할 때도 주변에서 그만두기 너무 아깝다고 했다. 그러나 내 호기심은 전혀 그렇지 않다고 말하고 있었다. 할 만큼 했다는 생각이 들었고 또 다른 내가 있을 거라 자신했다. 그 호기심으로 공방 창업에 이르게 되었으니 뿌듯할 따름이다.

다양한 부자로 살자

사람마다 다양한 능력을 가지고 있다. 나는 피문학(皮紋學, 손가락과 손바닥, 발가락과 발바닥의 피부 융기선의 형태 및 특징을 비교하고 연구하는 학문)에 관심이 많아 관련 연구 자료를 자주 찾아보곤 하는데, 피문학에 따르면 인간의 다중지능은 지문과도 높은 연관성을 지닌다. 다중지능 이론은 미국의 하워드 가드너 교수가 창안한 지능 이론으로, 인간의 지능을 8가지로 나누어 사람마다 8가지 뇌 지능 순위를 체크해서 기질을 파악하는 것이다.

8가지 지능이란 대인 관계 지능, 자기 이해 지능, 공간 지능, 논리-수학적 지능, 신체-운동적 지능, 음악 지능, 언어 지능, 자연 탐구 지능을 말한다. 다중지능 이론의 특징은 무엇보다 사람별 지능 순위를 매기는 것이 아니라 사람마다 각 개인의 지능별 순위를 매겨서 잘하는 것과 못하는 것을 과학적으로 분석해주는 것이다.

나 같은 경우는 평소 음치, 박치라서 노래 부르기를 정말 못한다. 음악 선생님도 포기할 정도였기에 그냥 못하는구나 생각했는데 음악 지능 순위가 7위였다. 다른 능력에 비해 못하는 게 당연했던 것이다. 이걸 알고 나니 마음이 편안해지고 노력한다고 되는 게 아니라는 것을 알게 되니 다른 분야에 더욱더 매진하게 되었다.

사람의 뇌는 사용하기 나름이라고 하질 않나. 잘하는 것만 찾아서 하기에도 벅찬 마당에 못하는 것까지 붙잡고 있을 필요가 없다. 어차피 사람은 8개의 뇌 지능은 다 갖고 있으니 순위만 다를 뿐이다. 자신의 능력을 잘 찾아보면 각양각색이기에 하나에만 머물지 말고 나처럼 좋아하고 잘하는 것을 찾자. 그러면 다양한 부자로 살 수 있게 될 테니까.

돈, 지출이 주니 자연히 모였다

밀도 있는 생활

나는 어느새 중년이다. 치열한 10대, 20대를 보내고 30대에 사회적 지위를 쌓고 지금은 불혹이라는 나이에 접어든 지 어언 3년 차다. 이것은 겉으로 표현한 모습이고 내면은 마냥 즐겁기를 소망하는 나이가 없는 삶을 살아가고 있다.

얼마 전에 8살 조카가 "이모는 나이가 몇 살이에요?" 묻는 것을 "이모 나이가 몇 살로 보여?" 하며 오히려 되물었더니 망설임도 없이 "30살이요"라고 대답한다. 어찌나 반갑고 고맙던지. 내 내면을 꿰뚫어 보는 느낌이 정통했다. 이런 실없는 이야기를 왜 하나 하면 중요한 곳에 내 정신이 온전히 꽂혀 있기 때문이다.

미니멀 라이프가 안정적으로 흘러 실제로 생활에 치이는 게 없다. 물건도 사람도 나를 힘들게 하는 게 없으니 오로지 내 관심사에만 정신을 쏟을 수가 있는 것이다. 무엇보다 물건 양을 줄이는 과정에서 물건에 대해 심도 있게 고민하다 보면 이것도 필요 없고 저것도 필요 없고가 줄줄이 나온다. 그럼 결국은 10개가 5개가 되고 5개에서 또 줄어든다.

줄어든 물건 양으로 살아도 또 살아지는 것이 신기하다. 생활하는데 아무런 불편함이 없다는 것을 느끼면 굳이 물건에 욕심을 가지지 않게 된다. 난 과거에 지름신의 한 축을 가졌었던 사람인데. 거기다 얼리어답터 못지않은 전자기기들을 섭렵하기도 했었는데. 이제는 내면을 채우는 것에 집중되어 자연스레 물건의 집착보다 하루하루 생활이 밀도 있게 흐르는 것이 느껴진다. 이런 느낌이 여덟 살 조카에게 흐른 것이 아닌가 싶다.

취미 부자가 되면서 취미 생활에 지출이 있지만 이 지출이 쓸데없는 물건을 늘리는 것은 아니기 때문에 중요한 지출이다. 나에겐 취미 부자의 삶이 앞으로 남은 여생을 매우 중요하게 살아갈 원동력이기 때문에 즐거운 소비다.

소비의 즐거움, 위시 리스트조차 없는 삶

물욕이 없는 사람은 없다. 그리고 누구나 갖고 싶은 것, 사고 싶은 물건이 있게 마련이다. 그러나 갖고 싶은 게 있다고 해서 그것을 당장 사지는 않는다. 살 수 있는 여력이 될 때까지 돈을 모으거나, 아니면 그 물건이 반드시 필요한 상황이 올 때까지 기다리는 게 보편적이다. 그럴 때 우리는 이 품목들을 '위시리스트(Wish List)'에 담아놓는다. 당장 필요한 게 아니지만 언젠가는 반드시 갖고자 하는 것이므로 소망의 장바구니에 넣어놓고 때를 기다리는 것이다. 따라서 위시리스트에 있다는 것은 반드시 사고 싶은 것이다.

그런데 미니멀 라이프의 삶은 이 위시리스트조차도 만들지 않는 삶이다. 평생 없다고 하면 어폐가 있고 적어도 다른 사람들만큼의 리스트를 만들지는 않는다고 보면 된다. 위시리스트가 없으니 그만큼 사고 싶은 것이 줄어들 수밖에 없다.

욕심이 줄어들면 당연히 소비가 줄어들게 되고 이전에 소비하던 습관과 다르게 꼭 사야만 하는 물건만 필요에 따라 소비하게 된다. 그리고 이때의 소비는 매우 즐겁게 느껴진다. 왜냐하면 정말 필요한 물건을 산 것이기에 즐거움이 배가 되기 때문이다. 이 같은 선택적 소비 생활은 물건을 자주 사고 자주 새로운 것을 들일 때는 알지 못했던 색다르고 귀한 즐거움을 준다. 어쩌다 하는 소비라서 훨씬 더 즐겁고 가치 있다. 정리를 하면서 물건에 대한 애착이 높아지는 것처럼, 희소한 소비를 하면서 소비의 가치를 훨씬 더 크게 느끼는 것이다.

앞에서 나는 물건을 줄이는 과정에서 한 번의 소비를 위해 세 가지 이상을 버린다고 했다. 처음 이 방법을 쓰고자 했을 때 나는 내 삶에 이만큼 어려운 미션이 있나 싶을 만큼 힘겨워 보이는 일이었고, 미니멀 라이프를 실천하고 있는 지금도 여전히 이 방법은 쉽지만은 않지만 그래도 나는 이 룰을 지키려 늘 노력한다. 작은 집에 사는 만큼 엄청나게 짐을 줄였지만 아직도 줄이고 싶은 것이 있다. 그렇기에 틈틈이 버리고 집중된 소비가 되니 나에겐 크나큰 즐거움이 아닐 수 없다.

버림의 미학, 당근마켓

버리기를 하면서 그냥 버리기가 너무 아깝다는 생각이 드는 물건들이 있다. 그럴 때는 이제 전 국민의 중고마켓 필수 앱이 되어버린 당근마켓을 활용해 보자. 사실 당근마켓에 가입하고 물건을 올려서 판매자가 되어 구매자와 채팅을 하고 구매자 선택을 해서 물건이 판매되기까지의 과정이 까다롭긴 하지만, 잘만 이용하면 쏠쏠하게 이윤도 남기고 물건도 처분할 수 있다.

나는 당근마켓에서 미니 테이블, 거실장 같은 가구 위주로 판매를 했었는데 엄청 싸게 내놓는 대신에 부피가 있으니 가지러 와달라고 요청했다. 그럼에도 가격을 싸게 내놓으니 판매가 수월하게 되었다. 이런 식으로 활용하면 구매자도 좋고 판매자도 좋은 버리기가 된다.

대신에 단점이 하나 있는데, 당근마켓을 이용하다 보면 자신도 모르게 구매자가 될 수 있다는 점이다. 누가 봐도 좋은 물건이 판매자 창에 올려져 있고 평소 가지고 싶었던 품목이 멀쩡한 상태 그대로 올라올 때 구매 버튼을 누르고 싶은 충동을 참아야 하는 것이다. 이 점만 조심한다면 당근마켓은 최고의 버리기 앱이 될 수 있다. 미니멀 라이프는 '그냥 버리기'가 아니다. 물건의 양을 조절하기 위한 버림이기 때문에 절대로 쉽게 물건을 늘려서는 안 된다는 것을 명심해야 한다. 무엇이든 활용하기 나름이니 버리기에 있어서 당근마켓만큼 좋은 경로는 없으니 적극 추천한다.

버릴 때 또 하나 명심할 것은 버리기에도 매너가 존재한다는 사실이다. 그냥 버려도 될 법한 것을 굳이 당근마켓에 내놓는 실수는 안 해야 한다. 당근마켓을 둘러보면 의외로 많은 사람들이 아깝다는 미명 아래 덮어놓고 판매를 하려 한다. 그런데 누가 봐도 그 물건에 지갑을 열지 않을 법한 물건들을 올리고는 거래를 하자고 한다. 이 점은 정말 아쉬운 부분이다. 물건을 올릴 때 '나라면 이 돈을 주고 살까' 하는 생각을 한 번이라도 해본다면, 이런 매너 없는 실수를 저지르는 일은 적어도 피해갈 수 있다.

돈이 모이는 생활이 가능하다

미니멀 라이프 자체가 소비를 지양하는 것이라 기본적으로 돈을 안 쓰는 생활이 된다. 거기다 정리수납이 잘되면 불필요한 소비도 줄어든다. 이미 기본 라이프가 씀씀이가 적다. 또한 장을 볼 때도 필요한 만큼만 사게 되는 절제된 소비가 주를 이룬다.

어딜 가든 할인 이벤트, 1+1 이벤트, 2+1 이벤트, 명절 이벤트, 블랙데이 이벤트, 연말 이벤트, 가정의 달 이벤트 등 온갖 이벤트로 저절로 소비가 되던 시절에서 지금은 가정의 달 이벤트와 연말

이벤트만 활용하는 노련미를 갖추게 되었다. 소비를 선택하는 경지에 오른 것이다.

사실 이런 이벤트 선택이 뭐가 중요하냐고 하겠지만 집 안을 둘러보면 온갖 이벤트에 혹해 쟁여둔 물건이 꼭 있음을 알 수 있다. 또 그 물건을 사기 위해서 구매할 때 분명히 계산기를 두드렸을 것이다. '할인 이벤트로 이만큼 싸게 샀지' 하며 뿌듯해하면서 말이다. 그 물건이 정말 그만한 가치를 가지는 것인지는 알 수 없다는 것이 포인트다. 이런 구매는 아예 하지 않는 것이 제일 올바른 선택이다.

돈이 모이는 생활에는 그 어떤 정답은 없지만 내가 가장 중요하게 생각하는 것은 그저 소비 자체를 줄이고 물건 욕심을 가지지 않는 것이다. 진짜 내 삶에서 중요한 것은 기쁨을 누리고, 기쁨 자체를 소유하는 것이다. 기쁨을 가지려면 적당한 힘듦이 있어야 한다. 기쁨이라는 감정은 사람만이 누리는 감정이라고 한다. 내겐 절제된 소비를 하면서 정작 꼭 필요한 것을 샀을 때 가장 큰 기쁨과 즐거움이 왔다. 많은 사람들이 이 기쁨을 같이 누렸으면 하는 바람이다.

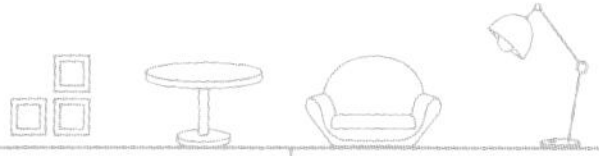

생활 리듬이 좋아지자 좋은 기운이 모이기 시작했다

좋은 기운으로 이끄는 마음

정리수납 전문가가 되면서 정리와 정돈에 대해 여러 가지 정보를 알게 되었는데, 그중에서 가장 인상 깊었던 것은 적게 소유하면서 의미 있는 삶을 사는 것이 미니멀 라이프의 핵심이라는 점이었다.

미니멀 라이프가 단순히 소유를 적게 하는 것인 줄로만 알았던 나는 이 말을 듣고 급격하게 나의 라이프를 다듬기 시작했다. 의미 있는 삶을 산다는 것이 내게는 너무 좋은 느낌으로 다가왔기 때문이다. 아주 평범하게 살아온 내게 특별한 무언가를 만들어주는 것 같았다. 이왕 한 번 사는 삶 예쁘고 멋지게 살아보고 싶은 마음도 늘 갖고 있었기 때문에 의미 있는 삶으로 라이프를 전환했다.

라이프를 만든다고 해서 거창하게 계획을 세우고 실천하는 것이 아니라 좋은 습관을 정해서 차차 내 생활에 적용하면 된다고 생각했다. 그래서 내가 세운 원칙들을 차차 내 삶에 적용하면서 좋은 기운이 흐르는 쪽으로 라이프 스타일을 만들기 시작했다.

좋은 기운은 깔끔한 환경에서부터 온다

기운(氣運)이란 에너지(Energy)와 힘(Force)을 말한다. 에너지와 힘은 사용하기에 따라 좋을 수도 있고 나쁠 수도 있다. 그리고 에너지는 힘에 의해 계속 당기거나 밀거나 할 수 있다. 이런 이론으로 보면 좋은 기운을 만들어서 당기면 계속 좋은 기운을 끌어다 사용할 수 있는 것이다. 당연히 살아가는 데 좋은 기운이 모이는 것이 나도 좋고 너도 좋고 다 좋은 것이 아니겠는가.

제일 중요한 것은 주변을 깨끗이 해야 하는 것이다. 우리 집은 공간이 좁기 때문에 자주 치워야 한다. 그래서 가능하면 자주자주 치우고 정리하고 버릴 건 버리면서 계속 집 안을 깨끗이 하려고 노력한다. 깨끗이 하기 위해서는 매우 치밀해야 한다. 왜냐하면 생각보다 집 안의 많은 공간들을 우리가 살면서 쉽게 놓치기 때문이다. 우리가 눈여겨보지 않는다면 생각보다 많은 곳들이 기름때와 물때, 먼지 등으로 쉴 틈 없이 더러워지며 집 안 곳곳에 이물질이 수시로 낀다는 것을 알 수 있다.

많은 사람들이 방이나 부엌은 깨끗이 하면서 의외로 거실이나 욕실을 깨끗하게 유지하지 못하기도 한다. 거실은 온 가족이 사용하기 때문에 치워도 치워도 끝이 없고 욕실은 기본적으로 습하기 때문에 물때가 자주 끼고 곰팡이도 자주 생기기 때문이다. 변기 또한 수시로 청소해야 할 정도로 손이 많이 가는 장소다. 게다가 생각보다 틈이 많아서 구석구석 솔질을 해야 때가 잘 빠진다.

장소별, 물품별로 깨끗이 유지하고자 하면 정말 끝없이 청소해야 한다. 그래서 집 안을 깨끗이 유지하기란 쉽지 않기 때문에 정말 부단히 노력을 해야 한다. 또 중요한 것은 욕실이나 부엌에서 물을 사용하는 것들은 자주 교체해줘야 한다. 수세미나 청소 도구들이 비위생적이면 청소한다고 해도 위생적으로 마무리할 수 없기 때문에 관리를 잘해야 한다.

좋은 기운은 좋은 관계에서 온다

그다음 중요한 것은 나만 좋은 기운을 받고자 노력하기보다는 식구들과 함께해야 한다는 것인데 가족구성원들과 트러블 없이 살아가는 것을 여러모로 고민을 해야 한다.

이를테면 우리는 치약을 왜 중간부터 짜는지, 먹고 난 컵을 왜 식탁에 그대로 두는지 같은 사소한 이유로 다투기 시작한다. 이런 다툼이 잦아지면 습관이 나아지기보다는 잔소리로만 생각되고 나중에는 싸울 일이 아닌데도 감정 싸움으로 번진다. 이런 사소한 일로 하루를 망치고 서로 감정이 멀어지는 원인이 되기 때문에 작은 것에도 미리 신경을 써줄 필요가 있다.

나는 작은 집에서 남편의 동선이 깔끔하면 좋겠다는 마음이었고 남편은 불편한 걸 싫어해서 많이 왔다 갔다 하는 걸 꺼렸다. 출근하는 남편이 양말 하나를 꺼내고자 할 때도 바로 꺼낼 수 있도록 남편 전용 양말통을 구비했다. 뚜껑이 있지만 손만 집어넣어도 바로 잡힐 수 있도록 디자인된 구멍이 있는 뚜껑이라서 굳이 들여다보지 않아도 쉽게 꺼낼 수 있다. 남편은 주로 옷을 빨리 입고 나가기 때문에 남편의 동선과 습관에 맞게 양말함을 마련해두니 나도 편하고 남편도 편해졌다. 그리고 퇴근 시에는 현관에서 양말을 벗고 들어오면 왼쪽에 바로 욕실이어서 욕실에 양말을 모을 수 있도록 터치만으로 뚜껑이 열리는 양말통을 만들어주었다. 그러면 욕실에서 세탁실까지 가지 않아도 냄새 나는 양말을 모을 수 있어서 남편도 편하고 나도 잔소리하지 않으니 서로 좋은 동선이 되었다.

가족이 있다면 서로 잔소리 듣지 않을 정도의 편의를 제공하는 것이 제일 중요하다고 생각한다. 이런 식으로 가족들과도 편안한 생활이 되도록 노력하는 것이 좋은 라이프다. 혼자 산다면 자신에게 최적의 생활이 되도록 동선을 짜고 곳곳에 좋은 기운이 흐르도록 물건을 배치하고 위치별 기능이 잘 작동하도록 정리하는 것이 매우 중요하다.

식기만큼은 좋은 것으로

집 안에 좋은 기운을 불러오는 것은 아주 작은 변화에서 시작된다. 집 안의 좋은 기운은 별게 없다. 물건의 기운이 좋고 그 물건을 사용하는 내가 즐거워야 주변의 기운도 좋아지는 것이다. 집 안의 많은 물건들 중에 부엌 집기들만큼은 좋은 것을 사용해야 한다. 가족이 먹는 음식을 만드는 도구이기 때문에 중요도가 높고 금전운을 높일 수 있다. 이전에는 가볍고 편한 '가성비'에 초점을 맞추었다면 지금은 제품의 질을 따진다. 질이 좋아야 오래 쓸 수 있기 때문이다.

나는 자취 생활을 오래 해서 1,000원짜리 숍에서 산 제품도 집에 많이 있었다. 식기도 저렴한 것을 사서 쓰곤 했다. 그래서 과감히 식기는 좋은 것으로 전부 교체했다. 고급 식기는 아니어도 가족들이 먹는 음식이 담기는 그릇이기에 자기이면서 질이 괜찮은 것들로 교체했다.

그리고 반찬통들도 오래된 것은 버리고 플라스틱 용기는 유리 재질로 전면 교체했다. 유리는 무거워서 플라스틱을 자주 이용했는데 환경호르몬도 신경 쓰이고 무엇보다 때마다 교체할 게 아니라면 그냥 맘 편하게 유리로 사용하는 것이 좋다.

플라스틱 제품은 사용 기한이 3~6개월이다. 기름기 있는 음식도 담으면 안 되고 대부분 BPA, BPS, 프탈레이트 등 유해 화학물질로 이루어져 장기간 사용 시 몸에 해롭기 때문에 여러모로 유해했다. 무지한 나는 사용이 편하다는 생각으로 사용 기한도 지키지 않고 사용하고 있었던지라 정리수납 과정에서 정말 반성을 많이 했다.

내가 활용하는 소품 노하우

좋은 기운을 끌어오게 하는 데에는 소품 활용도 좋다. 내 경우에는 풍수나 음양의 조화 같은 것을 집 안 꾸미는 데 적용하는 편이다. 인테리어를 할 때 각자 자신의 취향에 맞는 기준이 있듯이, 동양의 풍수와 음양의 조화를 이루는 게 나의 취향인 셈이다.

집 안을 밝게 하는 것은 기본이지만 나는 낮에도 은은한 조명을 켜둔다. 왜냐하면 조명의 빛은 공간의 기능을 완성할 뿐 아니라 활력을 불어넣기 때문에 어두침침하다면 조명을 밝게 해주는 것이 좋다. 조명은 태양의 역할을 하기 때문에 집 안의 기운을 활기차고 따뜻하게 하며, 습하고 탁한 기운을 맑게 해서 안정적인 기를 만들어준다. 그중 키가 큰 스탠드는 가장의 발전 운을 좋게 한다고 해서 나는 적극적으로 사용하고 있다. 조명을 켜두면 전기세가 많이 나가지 않을까 염려할 수 있는데, 전기세는 그다지 큰 차이가 없다.

조명을 선택할 때는 공간별로 달리 체크해야 하는데 거실은 온 가족이 모이는 곳이니 여러 가지 조명을 사용하는 것이 좋다. 침실에는 아늑한 분위기를 조성할 수 있는 따뜻하고 은은한 느낌의 백열등을 추천한다. 식탁 위의 조명은 사람의 얼굴이 부드럽게 보이고 식욕을 돋우는 노란 빛을 내는 밝은 분위기의 백열등이 좋다.

이렇게 조명은 공간별로 조금씩 차이가 나지만 전체적으로 따뜻하고 아늑한 분위기의 색깔을 선택하면 되고 무수한 조명 가운데 나에게 맞는 조명을 선택하면 좋은 기운 흐름이 자신에게 잘 흐른다고 하니 안 할 이유가 없다.

그리고 또 하나 주의를 기울여야 할 조명이 있다. 바로 현관의 센서 조명이다. 현관은 바깥의 기운이 들어오는 초입이므로 현관 센서 작동에 문제가 생기면 바로바로 해결해야 한다.

자녀 방의 조명도 신경 써야 한다. 책상 위 스탠드를 사용할 때는 스탠드만 켜서 사용하는 것보다 전체 조명을 꼭 같이 켜도록 해야 한다. 이것이 눈에도 좋을 뿐 아니라 집중도도 높여주고 음의 기운이 생길 수 있는 것을 방지해준다.

또 모빌이나 선캐처, 드림캐처 같은 소품을 걸어두는 것이 좋다. 드림캐처는 동그란 틀에 실로 거미줄 모양을 만들고 가운데에 보석 등의 원석을 달고 밑에는 여러 가지 깃털을 매달아 만든 것인데, 인디언족의 전통 주술품으로 창문 등 잠자리 근처에 걸어놓으면 악몽을 잡아준다는 물건이다. 선캐처는 걸어놓는 오브제인데 반짝이는 재질의 재료로 만들기 때문에 빛이 들어오는 곳에 걸어두면 빛을 모아 퍼트려주기 때문에 나쁜 기운을 몰아내준다고 한다. 둘 모두 행운을 줌과 동시에 인테리어 소품으로도 손색이 없다.

그리고 종소리가 울리는 풍경을 걸어두면 종소리가 퍼져 집 안의 탁한 기운을 없애고 좋은 기운이 온다고 하니 이 중에 하나 정도 걸어두면 기분도 마음도 좋다. 풍경은 현관이나 베란다에 걸어두면 좋다.

좋은 기운은 더하고 또 곱하자

정리수납만 잘하고 깨끗이만 살아도 좋은 기운이 흐른다. 그럼에도 풍수를 접하고 미니멀 라이프로 살면서 내 삶의 질을 높이고 싶은 욕심은 끝이 없다. 좋은 기운에 또 좋은 기운을 더하기 위한 팁은 집에서 식물을 키우는 것이다.

요즘엔 '플랜테리어'가 인기다. 플랜테리어란 '식물(Plant)'과 '인테리어(Interior)'의 합성어로 실내 곳곳에 식물이나 화분으로 꾸미는 것을 말한다. 푸릇푸릇한 식물들로 공간에 활력을 주고 심리적 안정감을 찾을 수 있는 효과가 있어서 인테리어에 관심이 있다면 주목할 만하다.

집 안에 식물을 두면 재물 운을 올릴 수 있다고 해서 나도 관리하기 쉬운 몬스테라로 꾸몄다. 우리 집 몬스테라는 너무너무 기운이 좋아서 분양도 여러 집에 해줬다. 식물 키우기가 쉽지 않지만 플랜테리어까지는 아니더라도 집 안에 한두 개 정도 키워도 공기정화에 좋고 음이온도 발생하니 여러모로 좋다. 그리고 꽃다발 화병을 사용하는 것도 좋고 공간이 좁다면 행잉플랜트(Hanging Plant)를 활용해도 좋다.

하지만 집 안에 조화를 두는 것은 좋지 않으니 생화 대신에 조화를 놓으려고 하면 안 된다. 조화는 가짜 꽃이기 때문에 가짜를 집 안에 두는 것은 음의 기운을 늘리는 것이고 드라이 플라워도 죽은 기운이기 때문에 좋지 않으니 두지 않는 것이 좋다.

집 안에 그림 하나 정도 걸어두어도 기운이 좋아진다. 특히 자연을 주제로 한 그림이 좋고 현관이나 거실에 걸어두면 재물 운이나 사업 운을 높이는 데 좋다. 그리고 가족사진도 많이 걸어놓는데 가족사진은 거실에 걸고 방에는 개인적인 사진을 두는 것이 좋다. 부부 방이라면 부부 사진을, 아이 방이라면 아이 사진을 놔두는 것을 추천한다.

자기만의 리듬, 자기만의 기운을 찾자

좋은 기운은 많이 흐를수록 좋다. 그러나 좋은 기운을 불러온다는 아이템을 전부 다 갖추어놓을 필요는 없다. 자신의 취향에 맞는 몇 가지만 갖추어놓는 것을 추천한다. 좋은 기운은 물건들로만 오는 것이 아니다. 마음의 평안이 너무 중요하다. 나에게 조금이라도 거슬리는 것들은 없는 편이 좋다.

내 경우에는 텔레비전이 나를 가장 거슬리게 하는 물건이다. 영상과 소리가 끊임없이 흘러나와 머릿속을 멍하게 하면서 두통을 유발하기에 아예 없애버렸다. 처음에 남편은 텔레비전 없이 지내는 것을 불안해했는데 지금은 익숙해져서 보고 싶은 프로그램이 있을 때는 패드를 이용해서 시청한다. 그 외 필요한 정보들은 스마트폰으로 검색하고 인공지능 스피커로 날씨와 뉴스를 듣는다. 텔레비전을 대신할 매체가 다양하기 때문에 그다지 불편함을 느끼지 않는다.

누구에게나 자기만의 리듬, 자기만의 고유한 취향과 기운이 있다. 이 부분을 바로 세우고 정확히 인지한다면 내게 맞는 생활 리듬을 찾는 일은 매우 수월할 것이다. 그리고 자신의 생활 리듬이 좋아지면 좋은 기운은 저절로 모이기 시작할 것이다.

시간,
내 맘대로 소비하다

보관을 위한 보관

나의 작은 집에 물건 양이 어느 정도 자리 잡고부터는 정리에도 속도가 붙었고 더 이상 시간에 쫓기지 않아도 되었다. 나의 부지런함도 더 이상 필요 없어졌다. 매일매일 집에서 이리저리 뒤적거렸던 일들도 줄어들고 나니 자연스레 여유가 생겼고 물리적인 시간도 심리적인 시간도 서서히 늘어나기 시작했다.

작은 집에 이사 올 무렵에는 이미 회사를 그만둔 상태였기에 물리적인 시간이 넘쳤다. 그 시기에 정리수납 전문가 교육을 받으면서 정리정돈에 몰두할 수 있었기 때문에 작은 집 정리에 아낌없이 시간을 투자했다. 그렇지만 아무리 넘치게 시간을 투자해도 심리적으로 부담 가는 것들이 넘쳐났기에 정작 정리하는 일이 안정되기까지 꽤 오랜 시간이 걸렸다. 결국은 무조건 시간을 투자한다고 되는 일이 아니었기에 슬로우 정신으로 무장하기로 했는데, 그렇게 결정하기까지도 실패를 거듭해야 했다.

처음엔 버리기가 잘 되지 않아서 물건을 다 펼쳐놓고 한없이 바라보기만 했었다. 사용할 물건을 남기는 것도 쉽지 않았고 사용하지 않을 물건을 골라내는 것도 쉽지 않았다. 정말 어떻게든 작은 집 공간에 욱여넣어 볼까 해서 차곡차곡 상자에 담기까지 했다. 그런데 억지로 상자에 담아 보관하자 다른 문제가 생겼다. 정작 필요할 때 꺼내 쓰려고 하니 상자를 열고 찾는 것도 일이었고 그냥 안 쓰고 말지 하다 보니 안 쓰는 대로 그럭저럭 생활이 되고 있었다.

버리자 시간이 생겨버렸다

그런데 이 무슨 일인가! 버리기 힘들어서 보관 상자에 담아도 정작 사용해야 할 때는 사용 못 하고 좁은 생활을 반복하게 되는구나, 이것은 쓰기 위한 보관인가, 보관을 위한 보관인가 하는 '현타(현실 자각 타임)'가 왔다. 이건 아니구나 싶어서 보관 상자를 없애기로 마음먹었다.

창고가 있거나 팬트리가 있으면 모르겠지만 나의 작은 집은 창고도 작거니와 생활해 보니 정작 보관할 물건은 정말 적었다. 창고에 쌓인 물건들은 내 평생 안 쓰고도 그 자리 그대로 있을 물건이라는 것을 깨달았다. 머리 아프도록 골몰해가며 보관 상자에 담아놓았던 것들을 어느 순간 치웠더니 속이 후련해졌다. 머리 아플 일이 사라진 것이다.

이런 시간들을 보내고 나서야 드디어 미니멀 라이프가 안착되고 안정적인 생활 패턴이 자리 잡았다. 이제 나에겐 심리적인 시간이 생겨버렸다.

시간을 흘려보내다

물건을 버리자 시간이 남아돌았고, 그러자 여유가 많이 생겼다. 처음엔 넘쳐나는 시간을 이유로 늦잠도 자고 동영상을 보며 밤도 새우면서 부엉이도 되어보고 베짱이도 되어보며 밤낮으로 여유를 부리는 생활을 만끽했다.

그러다 어느 날 문득 중년의 나이에 접어들자 무언가 허전했다. 그 무언가가 정확히 무엇을 의미하는지도 모른 채 그저 멍만 때리고 속이 시끄러우면 차를 몰고 나가서는 바다를 보면서 커피 한 잔으로 시간을 보냈다. 지인이 운영하는 카페에서 모르는 손님들과 수다도 떨면서 그냥 하루하루를 보냈다.

어떻게 보면 이런 쉼이 중요하기도 하다. 10년 넘게 회사를 다니며 일만 하던 나에게 어떤 결과나 목적 없이 보낼 수 있는 시간이 얼마나 되었겠는가. 아니, 결과를 내는 일들을 오랫동안 해와서 그런지 결과 없이 보내는 시간이 길어지자 지루함이 밀려왔다.

정리수납 전문가 교육을 받으면서 나는 수비학이나 피문학 같은 개인의 잠재력을 찾아내는 프로그램을 접하게 되었는데 여기서 나란 사람이 어떤 것을 좋아하고 잘하는지를 더 관찰하게 되었다. 이미 느낌적으로 알았던 내용이지만 과학적으로 나는 변화 지향적인 인물이며 이미 호기심 부자인지라 지루함을 날릴 일들이 새록새록 머릿속에 피어 올라왔다. 떠오른 아이디어들을 그냥 날리기가 아까워 이렇게 또 일을 벌이기 시작했다. 이제 움직여야 할 때가 왔으니 진지하게 시간을 잡아야 했다.

흘러넘치는 시간들 중에 이미 흘려보낸 시간들이 사실은 아깝지 않다. 나에겐 쉼도 소중한 시간이었고 그 외에는 정리로 시간을 알차게 보냈기 때문이다. 그리고 미니멀 라이프가 안착되었던 시간들이었고 이제 정말 의미 있는 삶을 살기 위해 시간을 쓸 예정이다.

시간을 당기다

쉬어가는 시간을 보내고 이제는 내가 주체가 되어 시간을 진지하게 썼다. 시간은 자연히 흐르고 누구에게나 똑같이 주어진다. 하지만 이런 시간들을 어떤 식으로 보낼지는 사람마다 다르고 어떤 마음으로 시간을 되새기는지는 또 다른 문제다.

나는 시간을 보내지 않고 당겨 쓰고 싶다. 내가 원하는 만큼 원하는 시간에 원하는 내용으로 쓰고 싶다. 똑같은 초침을 보더라도 스스로 한 발 한 발 걸어가며 내 보폭으로 시간을 쪼개고 싶다. 이렇게 욕심을 부려도 현실의 시간은 그냥 흐른다. 그렇다면 혼자 대차게 욕심 부려도 괜찮지 않을까. 욕심 내어 지루한 시간들을 보내고 중년에 새로운 일을 만들어보고자 한다.

시간은 사물의 변화를 인식하기 위한 개념이라고 한다. 내가 미니멀 라이프를 가지기 위해 시간을 썼던 것처럼, 취미 생활에 썼던 것처럼 쓰고 나면 나에겐 변화가 와 있었다. 이 변화를 성공적으로 가지기 위해서는 어김없이 또 시간을 써야 한다. 이 시간에 가치를 매길 수 있다면 내 감성으로 만든 작품들에 감성 가치가 올라간다. 결국 시간과 가치는 떼려야 뗄 수 없는 관계다.

핸드메이드 작가로서 가치를 올리는 일은 멋지다. 내가 시니어가 되었을 때도 어김없이 나는 시간을 당기고 있을 예정이다. 즐거움은 본능적인 감각이지만 기쁨을 누리는 것은 알차게 시간을 보낸 자만이 느끼는 것이기 때문에 나는 앞으로도 기쁨을 누리고 싶다.

시간을 소비하다

나는 내 기쁨을 위해서 시간을 소비하는 데 아낌없이 투자한다. 기쁨을 주는 것들 중에는 여러 가지가 있다. 그중 나는 읽기를 좋아한다. 독서와 읽기는 내 기준에서는 다른 표현이다. 요즘은 인쇄된 책만 읽지 않고 영상이나 정보마저도 '읽는' 시대이기 때문이다. 인쇄된 문자나 글에서 뜻을 얻어내는 것을 인지 과정이라고 할 수 있는데, 요즘은 영상과 정보에서도 뜻을 얻어내는 시대다. 이른바 인지 과정이 확대되는 것이다.

나는 이 같은 인지 과정, 습득 과정을 매우 좋아한다. 그리고 내게 주어진 많은 시간은 이런 과정을 많이 허락해주었다. 나는 책이나 영상매체 무엇이든 처음부터 마무리까지를 모두 읽거나 접한 후에, 전체 과정을 몸소 해보는 것을 매우 좋아한다. 그러다 보니 유튜브를 활용할 때도 작업의 과정을 담은 내용을 제일 많이 보고 참고한다.

내게 주어진 많은 시간을 소비하는 또 하나의 방법 중에 멍 때리기도 있다. 나는 뇌에 휴지(休止)를 주는 것을 좋아한다. 평소에 재미있고 즐거운 것을 즐기기에 다양한 사고나 상상의 나래를 펼치느라 뇌가 쉴 틈이 없다. 그러다 숙제가 생기면 거기에 꽂혀서 아무것도 못 할 때가 많다. 그럴 때 뇌는 쉬게 해줘야 한다. 많은 기획자나 광고 및 창작자 관련 분들의 인터뷰를 보면 산책을 자주 하라고 권한다. 산책을 하는 동안 뇌가 쉴 수 있기 때문인데, 나는 시각적 차단이 없으면 힘들다. 그래서 산책보다는 누워서 눈을 감고 있는 것을 좋아한다. 눈을 감고서 천천히 쉬면 복잡한 생각들이 퍼즐 맞추듯이 앞뒤가 정리가 되고 젠가를 하듯이 위아래 빈 곳이 보이기 시작한다. 나는 이런 시간을 좋아한다. 부족한 것이 보이면 다음 스텝을 밟기가 좋기 때문이다.

나는 시간을 소비하면서 좋은 기운을 받는 것을 정말 좋아한다. 좋은 기운을 가져오면 자연스레 자존감이 커진다. 자존감은 자아존중감(自我尊重感)을 줄인 말인데 자신 스스로의 가치를 부정적으로 여기지 않는 감정을 의미하며 보통 '자신을 사랑하는 감정'으로 이해된다. 자존감이 높을수록 행복감을 많이 느낀다고 한다.

미니멀 라이프는 내게 많은 것들을 선물로 주었지만, 시간을 내 마음대로 소비할 여유를 주었다는 점이 가장 값지다. 내가 생각하는 시간의 소비란 바로 내 자존감을 위한 도전을 의미한다. 자존감을 지키고 행복감을 유지할 수 있을 만큼 시간을 축적할 수 있다면, 미니멀 라이프는 생애 한 번쯤 누구나 도전해볼 만한 큰 값어치가 있다고 확신한다.

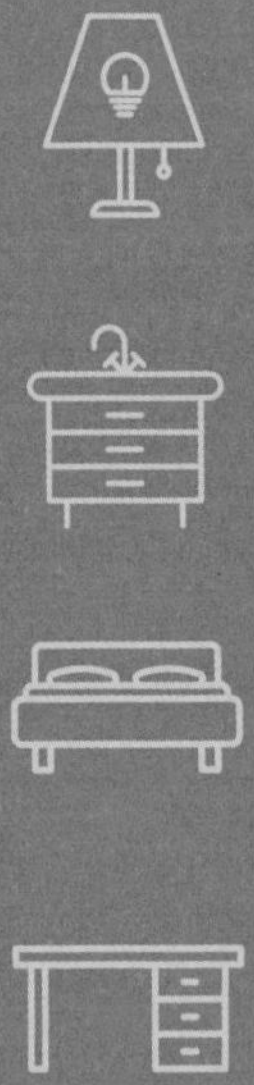

2부

공방 창업의 세계로 초대합니다

1장

행복한 미니멀 라이프로 채워지는 나의 특별한 공방 생활

패션도 공방처럼
스타일리시하게

나는 늘 패셔니스타인 것처럼

나는 패션에 관심이 많다. 머리끝부터 발끝까지 꾸미는 걸 좋아하고 즐긴다. 하루 종일 앉아서 일할 때도 편한 복장보다는 갖춰 입은 오피스룩이나 중요한 모임에 가는 것처럼 아래위 색깔을 맞추고, 스타일에 맞게 신발을 신고, 액세서리도 어울리게 코디를 한 날이 작업할 때의 능률이 더 좋았다.

그렇게 갖춰 입으면 마치 전문가가 일하는 것처럼 느껴지고 프로같이 일이 잘되기 때문이다. 나는 공방에서도 작업대에 앉을 때 파자마나 원피스 같은, 몸이 마냥 늘어질 것 같은 옷은 전혀 입지 않는다. 몸에 적당히 긴장을 줄 수 있는 옷과 전문가처럼 보이는 옷차림은 나를 보는 상대에게도 중요하지만 나 스스로에게도 스타일리시한 느낌을 줄 수 있어 매우 좋아한다.

객관적으로 나는 패셔니스타가 되는 것을 중요하게 생각한다. 개성을 표출하는 것을 좋아하고, 개성이 느껴진다는 것은 자기만의 철학이 있는 것 같기 때문이다. 무엇보다 좋아하지 않으면 착용하기가 힘들뿐더러 입은 옷에서 아우라가 풍기면 자신감이 느껴진다. 나는 이런 적극적인 자신감을 좋아해서 패션을 알고 참고하는 것을 매우 좋아한다.

거기다 나는 스타일에도 자신 있어 한다. 트렌드를 잘 알고 있어서 트렌드에 맞는 스타일링이 가능하다. 하지만 나는 누구나 트렌드를 좇아야 하는 것은 아니라고 생각한다. 멋진 스타일이 반드시 트렌드를 좇거나 톡톡 튀는 개성을 발휘해야 한다고 생각하는 것도 아니다. 적당한 미적 감각으로 센스를 발휘하면 된다.

단지 나만의 스타일을 찾고 유지하기 위해서 나는 트렌드를 파악한다. 자신의 세계관을 구축하려면 스타일이란 것도 중요하다. 개성적인 표현이 필요하기도 하고 무엇보다 좋아하기 때문이다. 스타일에도 종류가 다양하다. 클래식하냐, 모던하냐, 매니시하냐, 엘레강스하냐, 로맨틱하냐, 스포티하냐, 소피스티케이티드(Sophisticated)하냐, 즉 세련된 느낌이냐 이국적인 에스닉(Ethnic) 느낌이냐 등의 카테고리가 엄청나다. 이런 카테고리에서 내가 지향하는 바와 코디에 따라서 여러 가지 느낌을 낼 수 있고 현재 시즌의 트렌드에 따라 또 분위기가 달라지기에 트렌드를 파악하는 것이 중요하다.

좋아한다고 해서 스타일이 완료되는 것은 아니다. 좋아하기 때문에 더 전문적일 필요가 있다. 다양한 스타일이 이론적으로 나와 있지만 아직도 이론으로 표현하기 벅찬 스타일이 많고 또 탄생하고 있다. 나는 나를 패셔니스타인 것처럼 꾸미는 것이 즐겁고 그런 나를 표현하는 것이 좋다.

내가 좋아하는 컬러 & 내게 어울리는 컬러

세상에는 정말 다양한 컬러가 있다. 그리고 자신이 좋아하는 컬러가 있고 자신은 모르지만 자신에게 어울리는 컬러 또한 존재한다. 문제는 좋아하는 컬러와 어울리는 컬러는 다르다는 것이다.

'퍼스널 컬러(Personal Color)'는 개인이 타고날 때부터 가지고 있는 신체 색을 의미한다. 피부, 머리카락, 눈동자 색 등이 퍼스널 컬러다. 그런데 퍼스널 컬러를 이야기할 때는 이 타고난 색상을 말하는 경우는 드물다. 대개는 개인이 지닌 신체 색과 어울리는 색을 퍼스널 컬러라고 부르는 것이다. 이 퍼스널 컬러에 따르면 자신의 피부 톤에 어울리는 색을 찾아 패션에 접목해 최상의 스타일을 꾸밀 수 있다.

신기하게도 자신에게 어울리는 색깔을 찾아 톤을 맞추면 밋밋한 사람도 스타일리시해 보인다. 많은 이들이 옷을 고를 때 자신이 좋아하는 색을 골라 입는 경우가 많다. 이런 경우 운이 좋게도 그 옷이 자신의 피부 톤에 어울리면 다행인데 어울리지 않은 경우가 자주 있다. 그러면 사람이 칙칙해 보인다든가 촌스러워 보인다든가 하기 때문에 옷에 돈을 들여도 태가 안 나는 경우가 있다.

퍼스널 컬러를 모르더라도 옷을 잘 입는 사람들은 자신에게 어울리는 톤을 아는 경우가 많다. 톤이란 컬러와 밝기의 조합이다. 컬러에서 톤은 이미지라고 보면 된다. 톤은 비비드(Vivid, 선명한), 스트롱(Strong, 강한), 브라이트(Bright, 밝은), 라이트(Light, 연한), 페일(Pale, 엷은), 소프트(Soft, 부드러운), 덜(Dull, 차분한), 라이트 그레이시(Light Grayish, 밝은 잿빛의), 그레이시(Grayish, 잿빛의), 딥(Deep, 진한), 다크(Dark, 어두운), 다크 그레이시(Dark Grayish, 어두운 잿빛의) 이렇게 총 12개로 구분한다. 이렇게 다양한 톤이 존재하기에 한 톤만 어울리는 것은 아니다. 몇 가지 톤에 의해서 분위기를 바꿀 수 있기 때문에 여러 가지 조합을 해야 하고 찾는 과정을 겪어야만 한다.

중요한 것은 패션에서 컬러는 떼려야 뗄 수 없는 필수 요소이고 퍼스널 컬러를 모르고는 멋진 패션은 불가능하다. 톤에 따라 이미지가 천차만별이 될 수밖에 없기에 조금이라도 자신을 업그레이드를 하고 싶다면 좀 더 자신에 대해서 알아가기를 권한다.

내가 갖고 있는 스타일, 내가 추구하는 스타일

나는 스타일에 대한 정보를 수시로 찾아볼 만큼 좋아하지만 자신에게 어울리는 스타일을 갖고 있다는 건 또 다른 이야기다. 나는 그런 점에서는 일찍이 스타일을 찾았다. 컬러나 패턴이 어울릴 만한 것들을 잘 찾고 잘 매치하는 쪽이기 때문이다.

그렇다면 스타일은 뭘까. 스타일에 대해서 유명인사들이 남긴 말들이 있다. 코코 샤넬은 "패션은 지나가도 스타일은 남는다"고 했고 이브 생 로랑은 "유행은 사라지지만 스타일은 영원하다"고 했으며, 미우치아 프라다는 "나는 패션이 아니라 스타일을 믿는다"라고 했다. 이런 말들을 들여다보면 결국은 스타일은 유행을 찾는 것이 아니다. 스타일은 '유일한 나'이며 '내가 만들어내는 분위기'이고 누가 봐도 '나'인 것이다. 이것은 또 개성이라고도 볼 수 있다.

나는 내 스타일이 굳건한 편이다. 거리에서나 TV에서 나와 비슷한 스타일의 누군가를 보면 내가 생각난다는 사람들이 있다. 하지만 주변을 보면 자신의 분명한 스타일이 있지만 자신의 스타일에 대해서 설명하지 못하는 사람들이 있다. 분명 옷장에 있는 옷들은 그들의 스타일을 대변하지만 자신의 스타일에 대한 확신이 없는 사람들이다. 분명 스타일이라는 것이 연예인들만의 특권인 것처럼 느껴지는 부분도 있는 것 같다.

이제는 당당하게 자신만의 스타일을 찾아서 뽐내보면 좋겠다. 도대체 21세기에 살면서 내 스타일 하나 뽐내지 못할쏘냐. 누구에게나 개성이 있고 원하는 패션이 있기 마련인 것을. 진정 내향적이라 눈에 띄는 것을 극도로 싫어하지 않는다면 무엇에든 튀어보면 좋겠다. 꼭 옷으로만이 아니더라도 소품으로도 가능하다. 왜 개성을 죽이고 분위기를 죽이는지 안타깝다.

내가 갖고 있는 스타일이 무언가 부족한 듯하다면 정리정돈을 해보는 것이 좋다. 내 옷장을 정리하다 보면 객관적으로 어떤 옷들을 갖고 있는지가 보인다. 진정 내 스타일이 어떤 취향인지 알게 되면서 부족한 스타일링을 찾을 수도 있고 또 보충하고 싶은 부분도 빨리 찾을 수 있다. 나는 내 옷장의 옷들은 비슷한 스타일을 갖고 있지 않아서 매치할 때마다 다르게 보이기 때문에 나 스스로가 엄청나게 옷을 가지고 있는 줄 알았다.

하지만 정리정돈을 해보니 내 옷들은 디자인이 다양하고 색상이 가지각색이라 믹스매치가 다양하게 나온 것이지 옷 개수가 많은 것이 아니었다.

나는 기본적으로 멋있는 스타일을 좋아한다. 스타일리시해 보인다는 평이 좋아서 멋 부리고 '깔롱지는' 느낌을 충만하게 주려고 액세서리도 다양하게 사용하는 편이다. 그러다 보니 부담스러워하는 분들도 있다. 한창 꾸밀 때는 "개성있다", "아우라 있다" 등의 평가도 자주 받았다.

중년에 접어든 지금은 통통 튀는 것을 자제하는 편이고 좀 부드럽고 아름다운 내면을 드러내는 스타일을 찾고자 노력하고 있다. 이런 자신의 스타일을 나열해 보면 자신이 어떤 스타일을 좋아하는지, 그리고 갖고 있는 옷들이 어떤 옷들인지, 또 부족한 건 무엇인지를 가늠해볼 수 있다.

내가 활용할 만한 스타일

나는 패션에 있어서는 자신감이 있다. 내가 어떤 스타일이 어울리고 어울리지 않는지에 대해서 잘 알고 있고, 또 그만큼 확고한 스타일을 갖고 있다. 전체적으로 스포티하면서 펑키하고 빈티지한 것들을 좋아한다. 그래서 믹스매치하는 부분이 많고 개별적으로는 튀지 않지만 모아놓으면 화려한 옷들이 제법 있다.

스타일에 있어서 펑크룩(Punk Look)이 좋은 것은 이것저것 매치해서 입을 수 있는 옷들이 다양해진다는 점이다. 펑크룩은 펑크 문화에서 파생된 패션이다. 대체적인 이미지가 반항적이고 기성세대에 반항하는 저항적 의미를 가진다. 나는 이런 의미를 새기며 스타일하는 편은 아니다. 그냥 좋아할 뿐이다. 펑크룩에 대표적 인물 중에 비비안 웨스트우드가 있다. 1970년대 런던 펑크 문화를 리드한 펑크의 여왕이다. 나는 비비안 웨스트우드의 자유로움이 좋다. 그런 스타일이 멋지고 예뻐서 좋아한다. 하나만 다르게 입어도 엄청난 시너지 효과가 있고 하나만 다르게 입었는데도 전부 다른 스타일 같기도 하니 스타일링하는 것이 재미있어진다. 그래서 개성이 넘쳐 보이는 것이다.

개성을 중요하게 꾸미면서 버리는 것들로 좀 다르게 꾸며볼 수 있지 않을까란 생각을 자연스레 하게 되었다. 어차피 개성을 추구하면서 꼭 개성진 새 옷만 사는 게 아니라 이미 입었던 헌 옷으로 빈티지한 느낌을 줄 수도 있을 것 같았다.

이전에는 입지 않는 바지를 치마로 만들어서 입고 다니다가 또 지겨워질 때쯤에는 더 짧은 치마로 고쳐서 입었다. 지겨울 정도로 입었더니 옷이 해져서 버렸다. 이런 식으로 변경해서 입으니 옷을 버리는 데도 아낌없이 쓰고 버린 느낌이라 아깝지 않았고 제대로 뽕을 뽑았구나 싶어서 스스로 칭찬을 했었더랬다.

이제는 소잉이 자유자재로 가능하니 여러 가지를 활용할 수 있다. 다양한 재료로 다양한 느낌으로 나만의 스타일링이 가능하다. 좀 더 자연스럽게 그리고 '깔롱지게' 꾸며보자.

나만의 패션을 한 단계 업그레이드하는 방법

집집마다 다양한 옷들이 있지만 이상하게도 컬러는 다양하지 않은 집들이 많다. 컬러가 비슷하면서 무늬만 조금 다르다든가 컬러 톤만 다르다든가, 이런 느낌이면 믹스매치해도 별다른 차이가 없다.

새 옷을 사도 사도 새 옷을 산 느낌이 없다면 컬러가 다양하지 못한 탓이다. 이럴 때는 용기가 조금 필요하다. 즐겨 입는 옷 컬러에다가 조금 진한 컬러 혹은 조금 연한 컬러가 필요하다. 톤이 다양하게 있어야 적은 구매로 다양한 효과를 낼 수 있다.

컬러는 컬러만으로 주는 기운이나 느낌이 확실하다. 내가 조금 내향적이라면 파스텔 톤으로라도 다양하게 컬러를 갖고 있는 게 좋다. 아무리 베이직이나 무채색이 좋다고 하더라도 컬러가 있는 옷이 있어야 사람이 생기가 돌아 보이기 때문이다. 반대로 강한 컬러를 좋아하는 사람들은 톤 다운된 컬러로 안정감을 주는 게 좋다.

그리고 액세서리나 소품도 컬러가 있으면 좋다. 옷이 밋밋한 느낌이라면 액세서리에 비비드한 컬러를 매치하면 정말 멋스러워 보인다. 옷이 부담스럽다면 작은 액세서리에 컬러를 쨍하게 넣어 보는 것도 요령이다.

나는 모자도 자주 활용하는 편인데 페도라를 좋아해서 여름용도 갖고 있다. 요즘은 비니, 버킷햇(Bucket Hat), 클로슈(Cloche)도 예뻐서 착용하는 사람들이 많다. 액세서리도 별로 안 좋아한다면 모자로 꾸며보는 것도 추천한다. 얼마나 맵시 있어 보이는지 모른다.

나는 꾸미는 소품 중에 제일 좋아하는 것이 있는데 그것은 스카프다. 스카프는 화려할수록 예쁘고 멋지다. 어떤 패턴이어도 괜찮은 아이템이어서 딱히 옷에 힘주지 않았다면 스카프를 추가로 하면 좋다. 나는 굉장히 풍성한 느낌의 스카프도 좋아해서 길게 늘어뜨리는 것도 좋아하고 목 둘레를 칭칭 감아서 상체를 감싸는 느낌도 좋아한다. 요즘엔 스카프 사이즈가 다양해서 얇고 짧은 사이즈는 넥타이처럼 보이게 활용하면 멋진 도시 여자가 된다.

나만의 패션을 업(Up)하듯 공간도 업!

'멋을 아는 사람은 머리부터 발끝까지 멋을 하나도 놓치지 않는다'는 말이 있다. 더구나 속옷에 더 신경 쓰는 이들도 많다. 그만큼 몸에 걸치는 무엇하나 소홀하지 않겠다는 것이다.

나는 공방을 꾸밀 때 출입문부터 반대편 구석 자리까지 스타일리시하게 꾸몄다. 물론 여기서 스타일이란 내가 좋아하고, 나를 나

타내주며, 내가 원하는 방식의 스타일이다. 자기만의 개성이 묻어나는 스타일이 멋진 스타일이듯, 내가 꾸미고 머무는 공간도 나만의 개성이 묻어나기를 원하기 때문이다.

나만의 패션을 업하듯, 나만의 공간을 업하는 방법은 어렵지 않다. 인테리어 잡지를 따라 하기보다 내가 직접 고민하고 골라 마련한 의자 히니, 직접 발품을 팔아 장만힌 탁자 하나하나가 자기만의 공간을 업하고 자기만의 공간에 스타일을 부여한다. 퍼스널 컬러에 따라 패션을 선택하듯, 나의 퍼스널 컬러에 따라 공간도 배치해보자. 그러면 그 공간에 머무는 시간 내내 행복하고 만족스러운 하루하루가 가능해진다.

감성 한잔하고 가시겠습니까

내 자존감의 뿌리는 감성

나에게서 나오는 자존감은 대부분 감성에서 비롯된다. 감성은 오감을 자극받고 그에 반응하는 능력을 말한다. 나는 생각보다 예민한 편이어서 오감을 잘 활용하는 편이다. 이성적인 판단보다 오감으로 판단을 내리는 경우가 다반사이고 결과에 대한 결론을 낼 때 합리적인 이유는 나중에 찾는 편이다. 어쨌든 오감으로 판단해도 민감한 감각 덕분에 판단 착오였던 적은 없다. 오히려 이성적으로 판단했을 경우 하지 못했을 일들이 다반사다.

나의 감성은 다행스럽게도 절대 미학은 아니라서 생활에 조금의 미적 감각을 더하는 정도다. 이 미적 감각이 매일의 단순한 패턴을 움직인다. 또 감성은 감정과 달라서 일상에서도 오감을 활용하면 딱딱한 순간들이 내가 원하는 대로 부드럽게 움직여준다.

나에게 감성이 가장 중요하게 작용했다고 느끼는 제품이 있는데 바로 애플사의 제품들이다. 이 회사의 아이맥, 아이북, 아이패드, 아이폰 등을 보면 전부 최신 기능을 자랑하는 최첨단 전자기기이기도 하지만 제품 디자인까지 최고의 역량을 냈음을 볼 수 있다. 애플의 제품들을 보면 단순한 디자인 같지만 애플의 최고 디자인 책임자였던 조나단 아이브(Jonathan Ive)가 수많은 시제품을 만들어 테스트하고 다시 디자인하는 과정을 거쳐 만들어낸 혁신적 디자인이다.

그렇기에 애플 제품의 디자인이 사람들의 감성을 자극한다는 데에 이의를 제기할 사람은 아마 없을 것이다. 그만큼 애플은 디자인에 엄청난 노력과 감성을 녹여냈다. 그리고 애플은 디자인 자체에 기술을 더해 사용자들의 편의를 느끼는 것이 중요한 포인트라고 설명했다. 나는 이 포인트에서 애플의 자존감이 나온다고 본다. 얼마나 자신 있는 디자인이겠는가. 예쁘면서 편의성도 함께이니. 세상에 예쁜 것은 차고 넘치는데 편리함을 주는 기기이며 스마트한 유일무이한 제품이지 않나. 이런 콧대 높은 마인드가 나는 너무 좋다.

풍경이 늘 감성을 울렸다

치기 어린 시절에 나의 이미지는 차가운 도시 여자였다. 도도하고 말 걸기 힘든 이미지라고 선배들도 한마디씩 했었는데 그런 차

가운 이미지 아래 숨겨진 나는 정작 '풍경'을 좋아하고 그 풍경이 주는 '감성'에 이끌리는 여자였다.

여행을 가도 그 지역의 풍경이 담긴 엽서를 잊지 않고 꼭 챙겨 사 올 정도로 풍경 감상하는 것을 좋아한다. 출사 모임에서도 인물 사진보다 풍경 사진만 담아온 적이 많다. 언젠가 나는 왜 풍경에 이토록 경도되는지, 풍경은 왜 유독 나의 감성을 자극하는 것인지 궁금한 적이 있었다.

나는 기본적으로 경험을 좋아하는 행동파 성향이다. 그러다 보니 보고 듣고 느끼는 것을 엄청 좋아한다. 풍경은 그 와중에 시각적 요소를 풍부하게 담고 있는 데다 사람이 만들 수 있는 컬러로는 다 담을 수 없는 영역이라서 내게 감동을 주고 영감을 준다. 정말 시각 효과가 끝판왕인 것이다. 특히 높은 곳에 올라서 보는 풍경은 그 무엇과도 바꿀 수 없는 감동을 선사한다. 가시거리까지 막힘 없이 펼쳐진 풍경과 구름이 끝도 없이 펼쳐진 하늘은 나를 흥분시키기에 충분하다.

나는 10년이 넘도록 모니터만 바라보는 회사 생활을 했지만 내 감성을 부지런히 채울 수 있었던 것은 주말마다 산을 오르며 바라본 풍경이 있었기 때문이다. 자연이 주는 감격은 가슴 뭉클함 한 순갈, 짜릿짜릿함 한 순갈, 황홀함 한 순갈, 열광적인 텐션 한 순갈이다. 이런 감격스러운 풍광이 쌓이고 쌓이면 보고 또 봐도 기분 좋은 감정이 산처럼 쌓이는 경험을 하곤 한다.

감성도 움직인다

마흔이 되면서 몸 여기저기가 아프기 시작했다. 아무리 쉬어도 피곤함이 사라지지 않았고 기운은 점점 바닥으로 가라앉았다. 이런 상태가 계속되자 내가 정말 늙었나 하는 우울함이 짙어졌다. 그즈음 나는 늙어가는 몸도, 늙어가는 생각도 모두 싫고 세상만사가 모두 귀찮아 화만 내고 있었다. 그러는 와중에 정리수납 전문가로 고객 집을 정리해주면서 정리되는 공간에 내 감성이 묻어나면서 내 우울함이 줄어들기 시작했다.

복잡한 곳곳을 정리정돈하고 세세한 손길이 필요한 곳이 눈에 보이고 또 그것을 해결할 수 있는 능력이 보이기 시작하니 의욕이 불타오르기 시작한 것이다. 또 내 손길이 거쳐 간 곳을 고객이 큰 탈 없이 받아들이는 모습을 보면 얼마나 뿌듯한지 이루 말할 수 없다. 거기다 많은 도움이 되었다는 피드백이라도 오면 내 기분도 덩달아 '업'되기 시작했다.

감성이 폭발하는 건 어렵지 않다. 기분이 좋아지면 된다. 특별한 걸 바라지 않는다는 걸 깨달으니 무엇이든 쉬웠다. 마음이 열리면 세상만사 좋게 보인다. 정말 하찮은 일도 특별한 일처럼 생각되기도 하고 작은 바람만 불어도 기분이 좋아진다. 이런 감정과 감성을 채우고자 나는 작은 노력을 할 뿐이다.

곳곳에서 감성 풍부를 넘어 '감성팔이'까지 가능한 나는 일상에서 여러 작업을 통해 감성을 모으고 또 감성을 터트린다. 나는 내 감성을 터트리기 위해서 붓을 들었다. 아직은 기초 단계이지만 어찌 되었든 컬러를 만들고 컬러를 사용하는 작업을 위해서 또 다른 무언가가 시작되어야 했다.

마흔의 우울함이 쉽사리 가라앉길 기다리기보다는 내 즐거움을 한 가지라도 더 만드는 것이 훨씬 도움이 된다는 것을 요 몇 년간의 일로 알게 되었다. 거창하게 취미라고 붙이지만 그냥 감성놀이를 진지하게 할 뿐이다. 놀이가 즐거워야 다음도 기대하게 되고 또 하고 싶고 그런 것이니까. 이런 식으로 취미 생활을 하고 감성을 녹이는 내 하루는 늘 흡족하다. 또 무엇을 해볼까 기대하느라 바쁘고, 무엇보다 나이를 먹고 있다는 생각 자체를 하지 않게 되니까 말이다.

감성으로 소통하는 나만의 방법

이렇듯 감성을 좋아하는 나는 감성으로 꽉 찬 하루를 보내면 내면도 꽉 찬 하루를 보낸 것으로 행복감이 더해진다. 사람들과 어울려 잘 살아가려면 소통이 중요하다고 저마다 이야기하지만 내 경우 어떤 식으로 타인과 소통해야 좋은지 잘 모른다. 소통에 관한 인문학 수업을 들어도 왠지 나와는 어울리지 않는 옷을 입은 것처럼 어색하고 와닿지 않는 게 사실이다.

그런 면에서 내가 생각하는 타인과 소통하는 방법은 내가 기분이 좋아지는 조건을 잘 파악하고 그 조건들을 상대에게도 잘 적용해내는 것이다. 정서적으로 지적이고 건강한 사람은 자신의 내적 세계관을 잘 갖춘 사람이다. 세계관을 잘 갖추게 되면 가치관을 형성하는 데에 도움이 된다. 가치관은 인간이 삶이나 어떤 대상에 대해서 무엇이 좋고, 옳고, 바람직한 것인지를 판단하는 관점으로 세상과 나 사이의 접점을 찾는 것이다. 자신의 삶이 어디로 어떻게 나아갈지를 제시하는 방향키와 같은 것이기에 가치관이 잘 다져지면 인생의 굴곡을 어렵지 않게 헤쳐나갈 수 있는 힘이 길러진다.

거기에 감성 능력이 잘 갖추어져 감성을 높이면 변화와 다름에도 구속되지 않기에 현명한 결정을 잘 내린다. 이런 사람이 되려면 결국은 주관이 뚜렷한 가치관을 만들고 감정을 잘 다스리고 감성을 높이고 감수성을 길러야 한다.

자신의 패션 스타일을 알려면 자신의 옷장을 들여다봐야 하듯 자신의 감성을 알려면 자신에 대한 정보를 언어로 구체화할 줄 알아야 한다. 이는 정서에 관한 어휘력이 있어야 가능한 일이다. 예를 들면 자신이 해야 되는 확실한 의도와 이유를 알고 그 과정에서 겪는 것들을 다양한 어휘로 표현해 보면 된다. 내가 잘하는 것 중 하나가 내 감정을 제대로 정확히 표현하는 것이다. 나는 기분이 좋을 때 그냥 '기분이 좋다'라고 말하지 않고 '약간 더운데 바람이 살랑 불어와서 기분 좋다'라고 한다든지, '나무 냄새도 좋은데 흙냄새까지 맡으니 더 좋다' 하는 식이다.

기분이 좋은 것뿐 아니라 짜증이 날 때도 정말 짜증인지, 화가 난 것인지, 피곤한 것인지 제대로 구분해야 한다. 대부분의 사람들이 화가 난 것을 피로함이나 스트레스 등으로 착각하는 경우가 많다고 한다. 그러다 나중에 현타가 와서 뒷감당이 안 되는 경우가 많은 것이다. 나는 이런 세세한 감정을 전부 잘 구분해내는 편이라서 감정으로 쌓인 스트레스가 없다.

소통이라 함은 상대에게 무조건 맞추는 것이 아니다. 나를 알고 적을 아는 것이 중요하다. 지피지기(知彼知己), 백전불태(百戰不殆)! 《손자병법》의 〈모공〉 편에 나오는 글로, "상대를 알고 나를 알면 백 번 싸워도 위태롭지 않다"라는 뜻이다.

내가 하고 싶은 소통은, 상대를 위해서라도 나를 오해하지 않도록 솔직하고 담백한 감성을 가지고 대하는 것이다. 오해 없이, 감정에 휘둘리지 않고.

감성은 행복한 라이프의 기초공사

감성과 감수성 모두 내가 안정되어 있으면 아무런 문제가 없다. 심신이 안정되어 있으면 매사 긍정적인 생각을 품게 되고, 그러면 자연스럽게 실수도 적어지고 좋은 생각을 많이 하게 되기 때문이다. 안정된 심신은 자연스럽게 안정된 감성과 감수성을 가져오고, 이런 상태는 선순환된다.

심신(心身), 몸과 마음이 스스로 안정되어가면 심상(心像), 마음에 맺히는 시각적인 상도 평안해진다. 심상을 느끼는 것 중에 시를 읽을 때도 마음속에 그려지는 감각이 있다. 시각적 심상, 청각적 심상, 미각적 심상, 촉각적 심상, 후각적 심상, 공감각적 심상이 있다. 이런 심상을 잘 파악하는 것은 그만큼 오감을 잘 활용하는 능력이 있는 것이다. 이런 감각은 사물을 인식하고 표현하는 데 매우 중요한 역할을 한다. 그만큼 삶에 있어서 늘상 함께하는 감각이다. 늘 보고 느끼고 감탄하고 행복을 느낀다.

세상을 즐겁게 사는 일은 어렵지 않다. 감성을 충만하게 채워 특별한 행복을 누리자. 누가 내 감성 채운다고 나쁘게 볼 사람 없으니까.

우리 공방의 작은 도서관

책으로 얻는 나의 색다른 깨달음

난 책 읽는 시간을 매우 좋아한다. 조용한 곳에서 나만의 상상을 펼칠 수 있고 어떤 조건도 필요 없는 거창한 꿈을 꾸어도 된다. 이때 꾸는 꿈은 다양하며 온전히 나만의 즐거움을 위한 꿈이다. 그리고 책 읽는 시간만큼은 아무런 방해도 없이 나만의 세계로 빠져들 수 있어 무엇보다 좋다.

나는 공방에서 이것저것 만들어본다. '공방(工房)'이란 글자 뜻 그대로 무언가를 만드는 방이기 때문이다. 그런데 이것저것 만드는 와중에도 내가 빠뜨리지 않고 하는 일이 꼭 하나 있다. 바로 틈만 나면 책을 읽는 것이다. 종류는 다양하다. 작업에 필요한 책도 있고 그저 시간을 보내기 좋은 재미난 책도 있고 내 생각을 넓혀 주는 책도 있다. 그저 읽고 싶은 책이면 다 좋다. 거기다 책으로 또 다른 사건이 생긴다면 더 좋다.

나는 책으로 나의 세계가 확장되는 사건이 더러 있었는데 그중 가장 획기적이었던 사건은 평범했던 일개 '공대생 언니'를 작가로 발돋움할 수 있도록 한 작은 불씨가 되었던 일이다. 그 일은 아주 사소한 일에서 시작되었다

어느 날 나는 생전 처음으로 '셀프네일 아트' 책을 시게 되었는데 그 발단은 이러했다. 10년 전 가을이 성큼 다가온 그래도 더웠던 어느 날, 잡지에서 단풍이 내려앉은 컬러 위에 세련된 금색 펄로 라인을 그은 예쁜 네일 사진을 발견했다. 나는 네일아트 사진을 들고 네일숍을 찾았다. 이전에도 컬러네일 정도는 회원권으로 이용하던 시기였는데도 네일아트에 대해서는 전혀 정보가 없었다.

가져간 사진을 보여주며 이것처럼 해달라고 요청했더니 네일아트 디자이너는 나를 극구 말렸다. 디자이너가 말린 이유는 컬러네일 요금에 아트 요금이 따로 붙기 때문에 네일아트 금액이 높다는 것이다. 사진처럼 열 손가락에 아트를 넣으면 몇십만 원이 넘으니 아트 범위를 줄이는 게 어떻겠냐고 물어왔다. 나에게 진지하게 금액을 일러주고 하겠느냐 하니 나는 고민을 할 수밖에 없었다. 아트 금액이 그렇게 비싼 줄 모를 때여서 당황해버렸다.

그래도 나는 손톱을 치장하고 싶어서 디자이너와 가격 협상을 해서 합의한 것이 양손의 엄지와 검지에만 아트를 넣는 것이었다. 그리고 서비스로 참을 올려주었다. 그렇게 나는 4개 손톱에 나만의 아트를 그려 넣을 수 있었다.

그때 처음으로 아트에 대해 진지하게 생각했다. 도대체 아트가 뭐길래 이렇게 비싼가. 네일 아트 가격이 그 가게만 비쌌던 것이었는지, 네일아트라는 게 초창기라서 가격 형성이 높게 책정되었는지는 몰라도 내 상식선에서는 과도하게 비쌌다. 디자이너라는 타이틀은 또 뭘까. 네일에 하는 아트니까 디자이너라는 직업명이 맞긴 할 텐데.

나는 좀 억울했다. 내가 가져간 사진은 그닥 어려운 디자인이 아니었다. 라인 몇 개를 기하학적으로 그어놓은 듯한 디자인이었다. 디자이너가 아니어도 할 수 있는 기법이었다. 이런 단순한 아트에도 값만 비싸게 받는 걸까.

결국 나는 네일아트를 비싸게 돈 주고 하기보다는 내가 직접 네일아트 작업을 해야겠다 마음먹고 공부하기 시작했다. 그렇게 시작한 덕분에 나는 한동안 정말 멋지게 네일을 아트처럼 꾸미고 다녔다. 내 손톱이 약해서 오랫동안 하지는 못하고 그만둬야 했지만 지금도 한 번씩 숍에서는 돈 주고 못할 네일아트를 하고 다닌다.

이런 일이 있고 난 후 나에겐 또 다른 변화가 찾아왔다. '나에게도 아트적인 감각이 있구나' '배우면 누구나 다 할 수 있구나' 하는 자신감이었다. 이 정도 생활 아트는 책으로 공부해도 가능하다는 깨달음을 나는 얻었다. 이때 나는 책 읽기의 큰 효용 가치를 알게 되었다. 그래서 그때부터 나는 그냥 책 읽기가 아닌, 나를 위한 책 읽기를 시작했다.

글공부를 하다

나는 학교 다닐 때 열심히 공부하는 아이는 아니었다. 그저 학교에 가야 하니까 갔고 수업을 하니까 들었다. 예습, 복습을 해가면서 공부했던 아이는 아니었던지라 어릴 때 공부한 내용 중 아직까지 뇌리에 남아 있는 것은 거의 없다. 어릴 때 공부했든 안 했든 간에 사람은 살아가는 동안 끊임없이 공부해야 한다고는 하지만 나는 성인이 되고 나서 공부의 재미를 알게 되었던 터라 지금은 이런저런 공부하는 것을 좋아한다.

그중에 내가 유독 좋아하는 공부는 글공부다. 그냥 책을 읽고 끝내기보다는 상황에 적절한 언어로 잘 쓰고 잘 말하는 것이 목표가 되었다. 작가가 되면서 창작의 즐거움을 알게 된 것처럼 글도 말도 작가로서의 품위를 가지고 싶었기 때문이다.

개인적으로 무라카미 하루키를 좋아하는데 이유는 필체가 마음에 들어서다. 나는 긴 문체보다 단순하며 딱 꽂히는 문체를 좋아한다는 것을 그의 책을 읽으면서 알게 되었다. 그는 책을 쓸 때 영어로 먼저 글을 쓴다고 한다. 그리고 일본어로 번역해서 마무리한다고 하는데 이유는 영어로 쓰게 되면 단어를 제한적으로 사용하기 때문에 문장이 간결해지고 깔끔해져서라고 한다. 이렇게 써서 자신만의 문체를 완성했다고 하니 정말 존경하지 않을 수 없다.

나는 작가들이 사용하는 다양한 어휘와 표현력에도 감탄하지만 자신만의 세계관으로 무장한 작가가 너무 좋다. 이런 맥락에서 나는 다큐멘터리도 좋아하는데 어떤 내용에 꽂혀 파고들 때의 집중력은 정말 어마무시하다. 다른 그 어떤 것도 생각나지 않고 그것만 생각나고 결론이 날 때까지 머릿속 한가득 그것만 가득하기 때문이다.

그리고 나는 시를 좋아한다. 많지 않은 단어들로 심오하고 깊은 뜻을 담은 글들이 나의 심장을 쿵쿵거리게 할 때는 정말이지 감동이 아닐 수 없다. 내가 홀로 윤동주의 〈서시〉를 읊고 있을 때면 가끔은 눈물도 난다.

예전에는 이런 글들을 그냥 읽고 감동하는 데만 그쳤다면 이젠 나도 감동을 주는 작가이고 싶다. 만드는 작가이면서 언어에도 어여뻐 감동을 주는. 앞으로도 갈 길이 멀지만 내 인생에 작가의 길을 가고자 한 이상 교양과 품위는 덤으로라도 갖고 가고 싶다.

공방에서 또 다른 시작

나는 나의 공방이 즐거움과 미래를 위한 공간이었으면 한다. 공간 자체에 의미를 두고 그치기보다는 생활에서 사용할 물건을 만들고, 좋아하는 사람들에게 나누어줄 선물을 만들고, 고래가 헤엄치듯이 창의력이 꿈틀거리고, 누구에게나 취미 한 가지쯤 권할 수 있는 곳이기를 바란다.

그리고 이 공간은 아주 작고 보잘것없어 보일지라도 이곳에서 나는 작가라는 타이틀로 통한다. 그래서 내 공방은 내 인생의 또 다른 시작점이다. 제2의 생을 이 공간에서 시작했다. 공방의 주인

장이자 공예 작가라는 타이틀은 나에게 너무 극적이고 멋진 타이틀이다. 그동안 나는 가죽, 캔들, 소잉 등 다양한 공방을 찾아가 수업을 듣고 작품 하나 만들었다는 기쁨만 가지려 했다.

그런데 그저 호기심에 찾아갔던 공방들이 내 미래를 여는 곳이었다고 생각하니 인연이란 것이 신기할 따름이다. 이것저것 배우고 싶어서 찾아다녔던 공방들, 그리고 지자체에서 운영하는 다양한 수업, 다양하게 체험하고 싶어서 쫓아다녔던 여러 가지 전시회, 각종 트렌드에 대한 정보를 얻기 위해 했던 인터넷 서핑 등이 모두 지금의 내가 있게 도와준 도화선들이라 할 수 있다.

그중 책 읽기는 그 시발점이라 해도 과언이 아니다. 깊이 있고 구체적인 정보를 얻기 위해서는 책만 한 게 없다. 그래서 나는 지금도 책 사는 데에는 아낌없이 돈을 투자한다. 우리 공방에 찾아오는 고객들이 '작은 도서관' 같다고 말하는 것도 아마 공방에 있을 법하지 않은 책들이 많이 있기 때문일 것이다.

캔들 작가로서도 소잉 작가로서도 책 읽기는 다 중요하다. 나는 이런 것들을 바라보는 내 마음을 글로 남기고 싶을 때가 많다. 글의 힘은 세다. 불특정 다수에게 글만큼 많은 말을 효과적으로 걸 수 있는 매체는 없다. 나의 새내기 글이라도 누군가에게 뜨거운 하루가 된다면 정말 잠이 안 올 정도로 기쁠 것이다. 나도 나의 작은 공방에서 큰 꿈을 꾸어 이렇게 뜨거운 하루를 남긴다.

'빛'과 '향기'로 채우는 공간 인테리어

'멍 때리기'를 위한 우리 집 인테리어

나에게 공간은 여러 가지 의미가 있다. 정리수납 전문가로서는 비우고 정리해야 할 대상으로서의 의미를 지닌다. 그래서 숨 쉬고 바람이 통하는 것을 매우 중시한다. 캔들 작가로서 바라보는 공간의 의미는 사색과 쉼이 있는 장소가 된다. 그리고 소잉 작가로서 바라보는 공간은 내가 작품을 만들고 펼치는 캔버스 자체가 되기도 한다.

이렇듯 내게 공간은 어느 한 부분도 놓칠 수 없는 큰 의미를 지닌다. 그래서 내게 공간을 인테리어하는 것은 매우 큰 의미를 띠며 아주 중요한 과제다.

내가 인테리어를 할 때 가장 중시하는 것은 내가 어느 공간에 머무르느냐 하는 점이다. 내가 자주 머무는 공간을 어떤 의미로 꾸밀 것인지를 정해야 그 공간의 목적이 정해지기 때문이다.

내가 내 작은 집에서 가장 크게 목적하는 바는 '쉼'이다. 그래서 집에 머물 때면 되도록 기본적인 생활에 필요한 움직임 외에는 그 어떠한 것도 하지 않으려 한다. 당연히 가장 주안점을 둔 것이 멍 때리기가 가능한 공간으로 만들기였다. 내 집이라는 공간에서 가장 중요한 것은 멍 때리기를 편안하게 하기 위한 것들이다. 그것이 내겐 '향'과 '빛'이었다.

캔들은 공간의 분위기 메이커이자 탁월한 방향제

오감 중에서 사람의 기분을 가장 예민하게 하는 감각은 후각일 것이다. 내 경우에는 특히 더 민감해서 그날의 기분은 물론이고 내가 머무는 공간의 전체 분위기를 향기가 좌우하곤 한다. 그래서 우리 집 곳곳에는 향기를 내는 향초, 인센스(Incens), 디퓨저(Diffuser) 등이 자리 잡고 있다. 굳이 후각이 예민한 사람이 아니더라도 향기는 공간을 은은하고 아름다운 분위기로 업그레이드하는 것을 가능하게 해준다.

향을 내주는 것 중에는 인센스가 강력한데 인센스는 태워서 향을 내는 것을 말한다. 우리가 아는 것 중에 모기향이 있고 그 외에 스틱이나 콘 모양도 있다. 인센스는 역사도 오래되었거니와 종교와도 관련되어 있어서 향이라는 목적보다도 제사 의식에서 중요하게 이용되었고 테라피에도 중요한 역할을 했다. 나는 긴장이나 스트레스 해소에 자주 이용하고 있고 잡내를 없애고 싶을 때도 이용한다. 요즘에는 인센스 페이퍼의 사용도 늘어나고 있다. 인센스 페이퍼는 방향, 탈취 효과가 좋고 진한 향이 부담스럽지 않아서 유용하게 이용 가능하다.

그리고 스머지 스틱이라고 해서 고대 원주민들의 문화에서 온 것으로 허브 다발이나 나무 조각을 태워서 향을 피우는 것이 있다. 천연 소재라서 향도 호불호가 나뉘지 않는 은은한 향이라 누구나 부담 없이 사용 가능하다. 또한 명상에 주로 이용하는 세이지 허브 스머지 스틱은 심신 안정에 탁월하다. 허브로는 로즈마리, 라벤더도 꽤 인기 있기 때문에 자신에게 맞는 향을 선택하면 된다.

디퓨저는 화학적 원리를 이용해 확대관에 액체를 담아서 향이 퍼지게 만든 인테리어 소품이다. 방향제의 일종으로 향수에서 발전했다. 유리병, 리드, 향 오일로 구성되어 있고 단지 리드를 꽂아서 세워두기만 하면 되므로 사용이 편리하다. 아로마오일을 이용한 디퓨저는 아로마테라피 효과를 주기 때문에 향 선택에 있어 신중히 고려하면 좋은 효과를 누릴 수 있다.

향을 내는 재료 중에는 에센셜 오일(Essential Oil)과 프래그런스 오일(Fragrance Oil)이 있다. 에센셜 오일은 식물을 그대로 농축해서 만든 원액이라서 농도를 조절해서 사용해야 한다. 그에 비해 프래그런스 오일은 실제 식물이 함유하고 있는 성분을 사용하거나 합성 성분을 사용해서 만들어진 오일이어서 부담 없이 사용 가능하다.

나는 평소에 향을 좋아해서 여러 가지 제품을 사용한다. 그래서 좋아하는 향수를 뿌리거나 프래그런스 스프레이나 프래그런스 오일을 사용하고 그중에서도 소이 캔들을 자주 이용한다. 공간에 머물 때는 캔들을 이용해 내가 있는 공간에 향기가 같이 머물도록 한다.

캔들(Candle)은 우리 말로 양초를 뜻한다. 일반 양초는 동물의 지방이나 석유의 찌꺼기를 정제해 만들지만 소이 캔들은 100% 천연 왁스로 만들기 때문에 연소 시 그을음이 없고 알레르기나 암을 유발하는 성분을 방출하지 않아 안심하고 이용이 가능하다.

게다가 캔들은 그 무엇과도 비교할 수 없는 분위기 메이커다. 심지를 태우는 불꽃은 낮은 융점을 갖기에 안전하고, 심지가 타면서 오일이 공기 중에 발향되어 은은한 불빛을 더하면서 향기로운 향이 퍼져 공간을 로맨틱하게 만들어주기 때문이다. 나는 소이 캔들을 켤 때면 진정한 무드인으로 거듭난다.

소이 캔들뿐 아니라 캔들 워머를 활용하면 빛을 좀 더 다양하게 연출할 수 있다. 캔들 워머는 특히 각자 취향에 따라 무드등의 종류를 선택할 수 있어 더 활용도가 높다. 모던한 느낌, 빈티지 느낌, 클래식한 느낌, 멋스러운 디자인 등 정말 가지각색이어서 고르기가 힘들 정도다. 그중 내 개성에 따라 디자인을 선택하면 시각 효과까지 톡톡히 누릴 수 있다.

방향 효과를 내는 것들 중에는 왁스 타블렛(Wax Tablet)을 사용해도 좋다. 타블렛은 소이왁스를 굳혀 만든 것으로 드라이 플라워나 프리저브드 플라워(Preserved Flower, 생화와 같이 보존된 상태의 꽃을 말함)

*소이왁스 타블렛

*플라워 캔들

*캔들 워머 & 소이 캔들

*라벤더 소이 캔들

로 꾸민 것들로 걸어놔도 인테리어 오브제로 손색이 없다. 이것은 태우지 않고 향기를 내는 것이기에 차량 방향제로도 좋은 아이템이다.

캔들의 또 다른 효과, 마인드 컨트롤

내가 캔들을 좋아하는 또 다른 이유로는 마음을 다스리는 데 향만큼 좋은 효과를 주는 것을 경험하지 못했기 때문이다. 이것을 향기 테라피, 즉 아로마테라피라고도 한다. 우리가 흔히 마사지를 받으러 가면 아로마향으로 실내를 채우는 것도 향이 심신을 안정시켜주기 때문이다.

누구에게나 툭툭 불거져 나오는 불안과 스트레스가 있다. 만약 화나 스트레스를 이성적으로 다룰 수 있다면, 머리로 판단해서 쉽게 화를 가라앉힐 수 있을 것이다. 그런데 우리는 이성으로 어쩌지 못하는 경우가 다반사이고 약으로 해결하는 경우도 있다. 화가 날 때 머리가 뜨겁고 지끈거리기 십상이다. 뜨거운 머리로 화를 진정시킬 수 있는 사람은 몇 안 될 것이다. 내 경우에는 심장 두근거림이 심해진다. 그럴 때 약보다는 라벤더 같은 허브향으로 진정된다. 정말 신기하게도 좋은 향들은 몸과 마음을 릴랙스시켜주는 효과가 탁월하다. 오죽하면 명상 시에도 향을 피워놓고 하겠는가.

나는 30대 중반부터 불면증이 생겼었다. 아직도 종종 불면증으로 밤을 지새는 경우가 허다하다. 경험컨대 모바일 생활을 끊으면 좀 좋아지긴 하겠지만 스트레스성으로 잠을 못 잘 때에는 향기로 숙면에 도움을 받는다. 그리고 진정 효과나 항우울 효과가 있는 라벤더, 로즈, 베르가못 등의 허브향이 몸을 이완시키는 데 도움이 된다. 캔들에 들어가는 오일 향만 맡아도 아로마테라피가 가능하기 때문이다.

향기는 감정을 담당하는 뇌 기능에 직접 작용하기 때문에 익숙한 향기를 맡으면 옛 감정이나 추억이 되새겨지고 가슴이 뭉클해지거나 우울한 기분이 상쾌해진다. 또한 향기 성분은 깜짝 놀랄 정도로 빠르게 몸에 침투해 아로마테라피가 이루어진다. 그만큼 편안한 숙면을 유도해주고 몸을 이완시켜 피로를 풀어준다. 오직 자연 유래 성분만으로 만들어진 캔들이 우리의 고단한 하루하루를 풀어 줄 아로마테라피 효과를 준다. 그래서 나는 향기를 사랑하고 내 삶을 향기롭게 살고 있다.

아름다운 힐링의 시간, 캔들 테라피

나는 요즘도 주 3회 이상은 캔들 테라피를 한다. 천연 원료로 만들어진 캔들을 태우면서 나는 향으로 심신 안정 및 힐링 효과를 얻는다. 캔들 테라피를 할 때는 캔들에 함유된 아로마 원료에 따라 발현되는 효과가 달라지기 때문에 자신에게 맞는 캔들을 골라 사용하는 것이 좋다.

집중력 향상을 하고 싶을 때는 유칼립투스, 바질, 진저 등의 허브향, 스트레스가 심할 때는 샌달우드(Sandalwood) 같은 나무 향, 불면증이 있을 때는 라벤더, 마조람, 캐모마일 등의 꽃 향, 심리적 안정이 필요할 때는 라벤더, 재스민 등의 꽃 향, 기억력을 높이고 싶을 때는 로즈메리, 페퍼민트 등의 허브 향을 사용하면 좋다.

장소에 따라서 조금씩 다른 향을 사용해도 좋다. 잠을 자는 침실에는 안정 효과가 높은 라벤더 같은 허브 향, 활동이 많은 거실에는 플로럴 향, 주방이나 욕실에는 냄새를 없애는 데 좋은 우드 향, 서재나 공부방에는 집중력을 높일 수 있는 앰버 계열의 향이 좋다.

사실 제일 중요한 것은 내가 좋아하는 향이면 된다는 것이다. 어느 장소에서건 나의 행복이 중요하다. 행복을 여는 시간은 결코 어렵지 않고 절대적으로 아름다운 힐링의 시간이다.

행복한 일상은 거창하지 않다. 내가 좋아하는 향기가 있는 작은 방, 따뜻하게 마음을 감싸주는 은은한 조명 하나로도 하루의 피로를 얼마든지 풀 수 있다. 내가 빛과 향기로 내 공방과 우리 집 인테리어를 채우는 이유가 여기에 있다.

나의 특별한 외출과 굿즈

자연을 사랑하는 나, 자연스레 캠핑에 꽂히다

나는 어릴 때부터 공기에 민감해서 자연에 관심이 많았다. 찬 공기인지 따뜻한 공기인지 공기 질이 나쁜지 좋은지 등이 나에게 중요했다. 기관지가 약하기도 했고 온도 변화에 몸이 따라가질 못했기에 추위를 엄청 탔었다.

어릴 때는 1년 중에 한여름 빼고는 긴팔 셔츠를 입었다. 주변 공기에 따라 내 컨디션에 영향이 있을 정도였기에 자연스레 공기 좋고 편안한 곳을 찾아다녔다. 주말마다 근교나 외지로 나가는 것을 좋아했고 산에 가고 바다를 보러 가는 것이 일상이었다. 매달 매주 다른 곳을 가려 동호회 활동도 많이 했었다. 한 주는 산악회에 가고 한 주는 출사 모임에 가고 한 주는 캠핑 가고 한 주는 드라이브 가는 등, 한 달 스케줄을 꽉꽉 채워서 다닐 정도였다.

*산에서의 추억

그러다 캠핑에 꽂혔다. 자연에서 힐링하면서 최소한의 장비와 용품으로 밥을 해 먹고 차를 끓여 마시고 때로는 잠을 잔다는 것이 매우 매력적이었다. 그렇게 캠핑 용품을 모으기 시작했다. 그러나 내가 캠핑에 매력을 느낄 무렵만 해도 캠핑이 활성화되지 않았기에 캠핑 용품이 다양하지 않았다. 예쁜 용품들도 잘 없을뿐더러 품목도 적었다.

문득 나만의 캠핑 용품이 있으면 좋겠다는 생각이 들었다. 처음에는 막연하게 생각만 하고 있다가 소잉에 재미를 붙이면서부터는 소잉 디자이너로서도 작품 욕심을 내기 시작했다. 지금은 캠핑이 활성화되다 못해 캠핑 용품의 홍수 시대가 되었지만 나는 소잉 디자이너로서 '캠핑용 작품 활동'에 욕심을 내어보려 한다.

이러니저러니 해도 나는 자연과 함께일 때가 행복하다. 공기 좋고 아름답고 평화로운 자연 속이 너무 좋다. 산을 타면서 매번 느끼는 거지만 우리나라 자연 경관은 정말 빼어나고 멋지다. 나에게 죽어서도 갖고 가고 싶은 물건이 있냐고 묻는다면 나는 내가 산에서 찍은 사진들이라고 답할 것이다.

자연과 함께하는 감성 캠퍼의 필수품

이제 캠핑은 특별한 일이 아닌 만큼 누리는 사람이 많아졌다. 내가 캠핑에 흥미를 가질 때만 해도 여성 캠퍼가 얼마 없었는데 지금은 전문 여성 캠퍼들도 많아지고 캠핑을 사랑하는 사람도 많이 늘어났다.

우리 집 주변만 해도 캠핑장이 많아졌고 이용객들도 많다. 그만큼 수요가 있으니 전문 캠핑 용품점도 많고 예쁜 물건도 많다. 이 속에서 전문 캠퍼는 아니지만 나도 캠퍼로서 감성 캠핑을 즐기고 있다. 내가 살고 있는 곳에서 차로 30분이면 갈 수 있는 멋진 캠핑 장소 중에 몽돌바닷가가 있다. 가깝기 때문에 틈만 나면 세미 캠핑을 자주 한다. 아침에 가서 몽돌바닷가에 텐트 치고 점심으로 고기 굽고 라면 끓여서 먹고, 후식으로 커피 한 잔 하며 멍 때리다 날이 저물기 전에 철수해서 집에 오는 코스를 즐긴다. 그야말로 '힐링 캠퍼'인 셈이다.

내가 생각하는 감성 캠핑은 전문가처럼 이것저것 챙길 필요 없이 딱 필요한 것만 간단하게 챙겨서 언제든 떠나고 어디서든 가볍게 펼쳐놓을 수 있는 것이다. 이런 것이 가능하려면 꼭 필요한 물건 몇 가지만 있으면 된다. 작은 텐트, 쉽게 펼치고 접을 수 있는 의자, 고기 구울 팬과 버너, 수저랑 접시, 가위와 집게, 편하게 기댈 쿠션이나 베개 그리고 커피 한잔 담을 텀블러나 컵 정도면 세미 캠핑 용품으로 거뜬하다. 거기에 내 감성이 담긴 가랜드 정도면 기분도 업이다. 나는 나만의 감성캠핑 장비가 따로 있는데, 가랜드, 티매트, 블랭킷, 쿠션 등은 내가 직접 만들어서 가지고 다닌다. 앞으로는 문패나 휴지걸이, 매트, 캠핑 가방 같은 것들도 추가해볼 셈이다.

자연이 주는 최고의 선물은 멍 때리기가 자연스레 가능하다는

*티매트

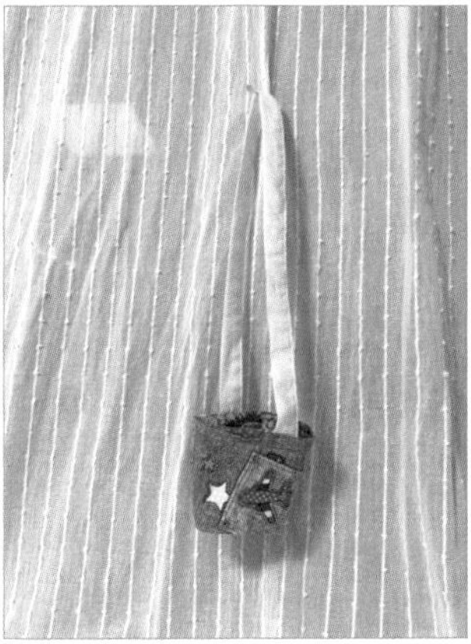

*텀블러 파우치

*라운드 파우치

점일 것이다. 집에서는 해야지 해야지 해도 잘 안 되는 것이 멍 때리기인데 이상하게 자연에서는 자연스레 된다. 감성캠핑의 절정은 바로 불 앞에서 멍 때리기, 일명 '불멍'일 것이다. 하지만 나는 여러 가지 멍 중에 몽돌해변의 몽돌에 부딪치는 북소리 같은 '파도소리멍'이 제일 좋다. 텐트에 누워 파도 부딪치는 소리를 듣고 있으면 스탠딩 콘서트에서 음악에 맞춰 소리치면서 온몸으로 스트레스 풀 듯이 스트레스가 풀어진다.

나는 늘 자연이 내게 힐링을 주는 것이 신기하다. 산이 내 속을 알 리 없고 물이 내 마음 헤아릴 리 없는데, 이상하게 자연 속에 있으면 그렇게 마음이 편해질 수가 없다. 그렇기에 자연을 해치지 않는 작품으로 함께하려 노력해본다.

여러 가지 굿즈 그리고 선물

나는 아트적인 느낌을 주는 굿즈를 좋아한다. 종류도 크게 상관은 없다. 그중에 엽서를 제일 좋아하지만 요즘은 좀 더 다양한 것들을 모은다. 여행 갔던 도시의 심볼이 있는 마그네틱, 다이어리 꾸미기에 좋은 스티커나 마스킹 테이프, 그리고 다양한 사진이 있는 책이나 종이들, 나에겐 전부 즐거운 굿즈들이다.

나의 공방에도 다양한 굿즈를 활용하기 위해서 여러 활동을 준비하고 있다. 다이어리 꾸미기 같은 경우에는 어릴 때부터 편지와 다이어리도 쓰고 해서 노트 꾸미기를 좋아했고 자연스레 취미가 생겼는데 요즘은 전문 취미 생활이 되었다. 인스타그램에도 '#다꾸'라고 검색하면 다양한 다이어리 꾸미기 활동이 검색되어 나온다. 거기에 '#디지털다꾸'를 검색하면 패드로 다이어리 꾸민 내용

*레진아트 – 하트 셰이커(Heart Shaker)

*레진아트 – 책갈피

*슈링클스 키링

들이 줄줄이 나온다. 얼마나 다양한지 깜짝 놀랄 따름이다.

나는 요즘 트렌드들이 너무 즐겁다. MZ세대에 당당하게 끼지 못하는 것이 얼마나 아쉬운지 모르겠다. 그래도 마음은 그들과 같다고 할까. 주변 사람들은 내가 불혹을 넘겼다는 게 놀라울 때가 있다지만 그렇다고 그들과 함께할 만한 나이로 보지는 않으니까 아쉽긴 하다.

한동안 하트 셰이커에 꽂혀서 레진아트로 열심히 만들었다. 하트 셰이커는 하트 모양의 몰드에 레진액을 굳혀서 만드는 액세서리다. 레진으로 굳힌 하트 안에 각종 참(Charm)을 넣거나 글리터(반짝이 가루)를 넣어서 예쁘게 꾸민 후, 열쇠고리로 마무리하면 나만의 굿즈가 된다.

참이란 사전적 의미로 부적, 행운 등의 의미로 팔찌나 목걸이에 다는 장식품뿐 아니라 각종 액세서리 등에 달 수 있는 것들을 통칭하는 말로 쓰인다. 네일아트에 장식하는 장식품도 참이라 부른다. 활용도가 높은 레진은 그 자체만으로도 참을 만들 수 있어 굿즈 만들기에 정말 매력적인 아이템이다. 공방을 하면서 내가 사랑하는 지인들에게 해줄 수 있는 선물이 하나둘씩 늘어나 보너스 같은 기쁨이 되고 있다.

주는 행복을 만끽하는 특별한 나의 공방 생활

일상이 즐겁다는 것은 마음이 평안하고 안정되어 있다는 것일

테다. 스트레스를 한가득 안고서는 생각하지 못할 감각이다. 나는 즐거운 일상에 젖어서 매일매일 오늘은 무엇을 만들지 생각한다. 꼭 기획된 것만 만드는 것은 아니다.

내 일상을 감사하게 생각하며 이런 하루를 나누고픈 이가 있다면 그 즉시 선물 만들기에 돌입한다. 헨드메이드 작가가 되니 선물에서도 좀 특별한 느낌을 표현할 수 있어 스스로도 매우 만족스럽다. 예전에는 무슨 선물을 해야 하나 며칠을 고민하고 쇼핑하러 나가서 몇 번 허탕을 치고 하나를 사더라도 이것저것 꼼꼼히 만져보고 따져가며 사야 했다면, 지금은 내 공방에서 내가 만들면 되니 이보다 더 좋을 수 없다.

선물하는 일이 즐거워지고 선물을 만드는 스스로가 행복해졌다는 생각에 웃음이 저절로 번진다. 직접 만든 선물은 받는 이들에게도 특별한 즐거움을 선사해준다. 선물을 전달한 뒤에 만드는 과정을 이야기해주기도 하고 때로는 실패담도 들려준다. 받는 사람에게 내 마음까지 자연스럽게 전달되는 것 같아 모두에게 행복 씨앗을 전달해주는 시간이 된다. 이처럼 작은 선물이 큰 행복으로 다가오니 나의 특별한 공방 생활은 그 자체로 나에게 선물인 셈이다.

2장

공방 창업 프로세스 7단계

공방의 시작은 장소 정하기부터

내가 선택할 공간의 기준을 정하라

만드는 일이 좋아 소잉과 캔들, 여러 핸드메이드 작품을 배우러 다닐 때만 해도 나는 당장 숍을 오픈해서 공방으로 꾸려갈 생각을 한 것은 아니었다.

공방은 어디까지나 직접 만든 제품을 팔고 또 만드는 법을 가르치는 일이 주된 업무였지만, 나는 초기에는 공방을 열어도 어느 정도 내가 만족할 만한 수준까지는 제품 만드는 실력을 쌓아가고 싶었다. 물론 당장 오픈해서 일을 하면 어떻게든 잘될 것이라는 믿음은 있지만 일에 매여 당장 즐거움을 놓치고 싶지는 않았다. 그래서 공간 선택에 신중해질 수밖에 없었다. 상가를 얻으면 유지비가 많이 들고 그러면 일을 열심히 해서 수익을 내야 하니까 말이다. 나는 적절한 타협이 필요했다. 업은 업대로 하면서 다양한 경험도 하고 싶고 프로젝트별로 하면서 성공과 실패를 해봐야 할 것 같았다.

첫째로, 나는 호기심 부자다. 공방 작가로서 호기심을 충족시키고 싶었다. 이런저런 여러 가지 품목을 만들어 상품화 해보고 싶었다.

둘째로, 나는 마케팅을 직접 할 요량으로 사무실이 필요했다. 프로그래머로 오랫동안 일한 전력이 있는 만큼 인터넷 생리를 많이 꿰고 있었던 터라 특기를 잘 살려내고 싶었다.

셋째로, 나는 주변 지인들이 편하게 왔다 갔다 할 수 있었으면 했다. 너무 일에만 몰입된 공간이면 편하게 들르기는 힘들 것 같아서 사무실 분위기보다는 작업실 느낌의 공간이기를 바랐다. 이런 조건으로 공간을 선택하면 여유가 있어 보일 것이라 짐작했다.

이 기준으로 탐색해 보니 상가보다는 오피스 사무실에 근접한 곳이라는 결론이 났다. 그래서 이를 중심으로 장소를 구하려 다녔다. 그런데 오피스 공간도 생각보다 유지비가 많이 나왔다. 나에게는 유지비가 중요했다. 내 경우 공방 장소를 구한다고 해서 곧바로 돈벌이로 연결되는 일을 벌일 것은 아니었으므로 매달 들어가는 유지비는 최소여야 했다.

그래서 다시 오피스에서 원룸으로 방향을 틀었다. 작지만 상가보다는 사무실 분위기를 낼 수 있고, 동시에 인테리어에 따라 작업실 분위기를 내기도 수월했다. 게다가 난방과 냉방도 쉽게 해결되니 장점이었다. 무엇보다 유지비가 저렴한 곳을 구하기가 쉬웠다.

공방은 합리적인 공간 분할이 필요해

그렇게 구한 나의 첫 공방은 10평 남짓한 원룸이었다. 공방은 여러 작업이 이루어지는 곳이므로 공간을 알차게 분할할 필요가 있다.

특히 소잉 작업 시에는 생각보다 공간이 많이 필요하다. 기본적으로 미싱과 오버록 자리, 재단할 자리, 다림질 자리가 동시에 있어야 작업이 가능하기 때문이다. 그리고 소잉에는 원단이 많이 필요하기 때문에 원단 보관할 자리도 필요하고 작품을 놔둘 자리도 필요하다. 소잉에만 공간이 많이 필요했다.

캔들 작업할 자리도 별도로 필요했다. 캔들에 필요한 재료도 제법 되기 때문에 소잉왁스, 몰드, 그 외 기타 물품들과 포장 상자 및 포장 재료들도 보관할 공간이 필요했다. 거기다 손님들이 오면 앉아 있을 공간도 필요하고 두세 명이 같이 작업할 수 있는 테이블도 필요했다.

여러 가지로 생각해볼 때 공간을 알차게 나누려면 머리에 쥐가 나도록 고민할 수 밖에 없었다. 가구도 어떤 것을 사야 할지 내가 가지고 있는 예산 가능 범위에서 인테리어를 생각해야 해서 정말 머리를 많이 골고루 써야 했다.

그래서 공간 사이즈를 꼼꼼히 체크해가며 가구점도 많이 돌아다니고 인터넷 쇼핑도 수시로 해서 정말 알차게 공간을 분할하고 꾸몄다. 내가 정리수납 전문가가 아니었다면 엄두도 못 냈을 일을 정말 기차게 해냈다.

＊작업실 전경

＊레진아트 클래스와 플라워 캔들 클래스 모습

내가 가장 심혈을 기울인 구입 품목은 작업대였다. 작은 공간에서 여러 가지를 한 번에 해결해야 했기에 무엇보다 멀티 기능을 소화할 수 있는 테이블이 필요했다. 재단이나 캔들 작업, 수업이 모두 원활히 이루어지도록 해야 했기 때문이다. 당연히 크기는 원룸에서 최대한 수용할 수 있을 정도로 크고 높이는 수시로 조절할 수 있는 기능적인 테이블로 골랐다.

공방 가구는 매우 튼튼해야 한다. 작업을 해보면 다양한 작업

도구를 사용하기 때문에 일반 가구는 좀 약한 면이 있다. 그래서 수작업이 된 가구를 사용하는 게 좋지만 나는 아직 그 정도 레벨까지는 아니어서 일반 브랜드 가구 중에서 기능적인 가구를 선택했다. 이 작업대는 우리 공방의 보물 1호로 벌써 1년 넘게 사용하고 있지만 후회가 없다.

공간을 유지할 때 편리한 조건들을 따져보자

사실 예산만 넉넉하다면 자영업의 적정 위치는 1층 상가가 가장 일반적이고 무난하다고 볼 수 있다. 많은 사람들에게 노출되기 쉽고 또 접근성도 편하기 때문이다.

그러나 공방의 경우라면 이야기가 약간 달라진다. 노출이 꼭 좋은 것만은 아니기 때문이다. 특히 작업 중이거나 공방 수업을 진행 중일 때는 오히려 번거로울 수도 있기 때문에 보통 2층의 상가도 많이 선호하는 편이다.

나는 기본적으로 판매를 목적으로 한 위치의 가게는 빼버렸다. 아직 준비도 안 됐거니와 아직 판매가 주가 되기엔 작품 수가 부족하기도 했다. 초기에는 인터넷 판매 위주로 진행할 생각이었기에 사무실이 주된 공간이 되는 곳으로 알아보았다. 이처럼 자신이 무엇을 선호하고 어디까지가 목표인지에 따라 공간을 잡아야 한다. 위치도 중요하지만 무엇보다 자신의 역량에 따라 움직이는 것이 우선되어야 한다.

그리고 나는 공방과 집이 멀리 떨어지지 않은 곳이어야 한다는 원칙도 세웠다. 움직이는 시간이 자유롭긴 하지만 언제든지 왔다 갔다 할 수 있는 위치여야 내가 부담이 적고, 일이 원활히 진행될 때까지 이동하는 시간을 줄여줄 것 같았다.

이것 외에도 내겐 부수적인 조건이 있었다. 바로 공방 주변에 우체국이 있을 것. 이 조건은 주문 들어온 것을 바로바로 처리하기에는 일반 택배사보다는 우체국이 편하다는 생각에서였다. 택배사는 주로 정해진 시간에 방문을 하기에 물량이 쌓였을 때 거래하는 것이 좋겠다고 판단했다. 우체국은 소량으로 하루에 몇 번이라도 왔다 갔다 할 수 있으니, 나처럼 초보 공방 창업가에는 장점이 크다고 생각했다. 우체국이 없다면 편의점 근처로 잡아도 좋다. 요즘은 편의점에서도 택배 처리가 쉽기 때문에 편의점도 중요한 체크포인트다.

이왕이면 은행도 근처에 있으면 좋다. 언제든지 필요 시 금방금방 찾아갈 수 있는 게 제일 좋다. 요즘은 은행에 가서 업무 처리할 일이 별로 없긴 하지만 그래도 사업자를 내고 나면 자주 들락거리게 된다.

시간이 들더라도 기다리는 미덕을

이런저런 조건과 공간 찾기 팁을 소개했지만, 여전히 가장 중요한 것은 내 마음이 편하고 내가 머물렀을 때 좋은 기운을 주는 공간이 아닌가 한다.

예산과 비용에 맞고 내 마음까지 만족시켜줄 공간을 찾는 것은 쉽지 않다. 하지만 조급해하지 말고 시간과 공을 더 들이는 것이, 마음에 들지 않는 공간을 덜컥 계약해 계약 기간 내내 찜찜함에 시달리는 것보다 훨씬 낫다.

무언가를 만드는 과정은 시간과 정성을 들이는 일이다. 마찬가지로 이런 작업이 이루어지는 공간 또한 시간과 정성을 들여 구한다면 나와 고객이 모두 만족할 수 있는 따뜻하고 넉넉한 시간과 공간을 얻을 수 있을 것이다.

자기만의 공방 '브랜드'와 '시그니처'를 만들어라

철학이 있는 공방

나는 어릴 때부터 나만의 세계가 확고한 편이었다. 딱히 아니다 싶은 일에는 관심도 없거니와 조금이라도 호기심이 이는 것에는 집요하게 파고들었다. 혹자는 이런 내가 고집불통이라는 의견도 전해 왔지만, 나는 이를 내 세계관이 뚜렷해지는 과정이라고 생각하면서 자라났다. 그러면서 나름 작은 철학자 흉내도 곧잘 내곤 했다.

나에겐 지키고 싶은 작은 원칙이 몇 가지 있다. 가장 첫 번째는 바로 '초긍정적 사고'다. 당장 힘들고 괴롭지만 곧 스스로에게 심심한 위로를 하며 잘 이겨낸다. 너무 힘들 경우에도 오랫동안 힘듦에 빠져들기보다는 최대한 빨리 긍정적인 쪽으로 생각을 옮겨 오는 편이다. 어떤 상황에서도 내가 어떻게 사고하느냐에 따라 상황이 변한다는 것을 몸소 겪은 적이 많기에 이 신념을 의심치 않는다.

다음으로는 내 삶 자체를 투명하게 가져가고자 한다. 그다지 비밀도 없고 어떤 일이든 숨기지 않는 편이다. 누구에게든 나란 사람은 똑같이 보이길 바라는 마음으로 살고 있다. 백번 양보해서 어떻게 비밀이 아예 없겠냐만은 그래도 무리하게 숨길 만한 일을 하지 않는 편이다. 그래서 주변과 트러블도 없는 편이고 딱히 힘들게 관계를 유지할 필요도 없어 삶이 매우 담백한 편이다.

마지막은 나의 최대 장점이라고도 할 수 있는 원칙인데 다른 사람의 행복이나 성공을 부담스러워하지 않고 응원해준다는 점이다. 물론 남의 크나큰 성공에 살짝 질투한 적은 있다. 그러나 그렇다고 해서 그 상태를 길게 가져가지는 않는다. 꽁해 있는 편도 아니다. 정말 시원하고 담백하게 좋아해준다. 기쁨을 나와 함께 누리고자 한다면 정말 같이 마음껏 기뻐해준다. 그 정도 여유는 얼마든지 있는 사람이라고 자부한다.

이런 것들이 내가 품고 살아온 내 마음의 철학이다. 나는 나의 이런 면들이 내 공방에도 스며들기를 바란다. 그래서 나만을 위한 철학이 아니라 내가 만들고자 하는 브랜드에도 이 같은 철학이 녹아들도록 오랫동안 고민해왔고 또 고민한다.

공방도 이름도 브랜드

나는 우리나라에서 브랜드 전략으로 프로모션하는 것들을 몇 번 경험했었는데 그중에 정말 기억에 남은 브랜드가 있다. 2002년 월드컵 후 파티문화가 자리 잡을 무렵, 기업들이 브랜드 프로모션으로 파티를 많이 열곤 했다. 그중에 담배 '레종'이 여성을 타깃으로 잡고 드레스코드를 핑크로 설정하고 파티를 개최한 적이 있다. 당시 나는 동반 1인과 함께 해당 파티에 참석하게 되었다. 난생처음 드레스코드가 있는 파티장에, 그것도 일반인 자격으로 참석한 것이라 나 자신에게 실로 엄청난 경험이었다.

그 파티는 엄청났다. 디제잉해주는 음악에 파티장이 핑크로 꾸며져 곳곳에서 사진도 찍을 수 있고 샴페인을 들고서 춤도 추고 꼭 클럽에 온 듯 즐길 수 있었다. 딱히 담배에 대한 설명도 광고 문구도 없었다. 아직도 레종 하면 '여성', '핑크', '파티'라는 키워드가 생각난다. 정말 브랜드 전략이 무엇인지, 왜 필요한 것인지가 각인된 경험이었다.

요즘은 다양한 매체에서 브랜드화가 이루어지기에 온라인 브랜드 가운데에서도 브랜드력이 강한 것들도 꽤 많다. 그러나 불과 몇 년 전까지만 해도 온라인 브랜드들은 그저 그런 중소 업체들이 난립하는 정도였다. 10여 년도 전에 내게 강한 인상을 남긴 온라인 브랜드 화장품 업체가 있다. 자연주의를 내세우며 화장품 쇼핑몰로 자리매김한 '쏘내추럴'이 그 주인공이다.

쏘내추럴은 2007년 론칭한 브랜드인데, 당시만 해도 화장품 브랜드는 대기업 제품이 주를 이루었다. 쏘내추럴은 대기업이 판을 치는 오프라인 화장품 업계에서 '온라인'이라는 빈틈을 치고 들어왔다. 지금이야 여러 온라인 화장품 쇼핑몰이 있지만 2007년만 해도 화장품은 온라인이 대세가 전혀 아니었다. 나는 지금도 쏘내추럴을 위시한 초창기 온라인 쇼핑몰 브랜드가 오픈해서 광고를 하던 일이 잊혀지지 않는다.

이런 전례들을 보면 나도 나만의 브랜드를 갖고서 쭉쭉 뻗어나가고 싶다. 아무도 시작하지 않은 길을 먼저 가보는 것은 설렘을 준다. 나는 '공방 창업'이라는 소재로 나만의 브랜드를 가꾸어가고 싶고, 그래서 조금은 욕심도 부려보고 싶다. 아직 제대로 시작도 안 했지만 미래를 머릿속에 그려보며 브랜드를 만드는 일에 열중하는 이유가 다 여기에 있다.

얄궂은 스토리를 짓다

다시 나에게 기회들이 찾아들고 있다. 그냥 시간 때우려 SNS를 보는데도 재미난 일이 되겠다는 상상을 하게 되고, 취미 삼아 배우러 간 공방에서도 즐거운 일이 되겠다는 생각만 들고, 게다가 예쁜 것들만 보이고 또 일하려고 움직이는 내가 행복해지고 있다. 자꾸 일과 관련한 인연들이 생기고 있다.

즐거운 일들이 기다리고 있다는 믿음이 생기는 이때, 다음 스텝으로 전진해야 했다. 세계관은 잡혔고 제일 필요하고 중요한 퍼스널 브랜드를 만들 순서다. 사실 일반인이 혼자서 이런 거창한 일에 접근하기가 쉽지 않다. 나부터도 낯부끄러운 생각이 들어 몇 번을 포기하기도 했었다. 하지만 어차피 목표가 뚜렷하고 언젠가 해야 할 일들이라면 시기를 좀 앞당겼다고 문제될 게 없다.

우선 나는 주변인들과 비교하면 '자유부인'이다. 결혼은 했지만 딩크족으로 살고 있으니 육아로 바쁘지도 않다. 아이를 키우고 있는 분들이 자녀를 성인까지 키운 후에나 맛볼 자유시간을 나는 이미 누리고 있는 것이다. 이 넘쳐나는 시간을 그냥 흘려보내기도 싫고 그렇다고 그냥 바쁘게만 보내는 것도 싫다.

누구에게든 '인생이란 이런 것이야'라고 떳떳하게 말할 수 있을 정도의 멋 부림을 해볼 생각으로 나의 이야기를 만들어가고 싶다. 그래서 행복하고 즐거운 나를 퍼스널 브랜딩해서 브랜드화하려고 차곡차곡 이야기를 만들고 있다. 꾸준히 스스로에게 관심을 쏟아야 좋은 스토리가 만들어진다. 어색하거나 익숙하지 않다는 이유로 자신을 등한시한다면 결국은 자존감만 떨어질 뿐이다.

심리학에서는 자신은 매우 중요한 존재이며 어디서든 긍정적 효과를 누리려면 문화, 예술, 취미, 레저를 골고루 경험해야 한다고 한다. 그런 면에서 나는 충분히 공방 작가로서 모든 분야에 두루두루 긍정적 기운을 담아내고 있다. 예쁘고 아름답고 행복한 이야기가 만들어지고 있다. 이미 나는 예전부터 긍정의 기운을 많이 달고 다녔다. 꼭 햇살같이.

햇살처럼 봄처럼 '라, 스프링'

나의 긍정 기운은 조금은 타고난 면이 있는 듯하다. 언젠가 이미지 테스트를 한 적이 있는데 테스트 결과로 '봄날의 태양 같은 존재'라는 것이다. 나는 이 글귀가 너무 마음에 들었다.

봄날의 태양이라니, 얼마나 멋진가. 내 마음에도 쏙 들고 내 이미지랑도 매치가 되고 또 내가 향하고자 하는 세계관에도 딱 맞아떨어졌다. 하지만 브랜드명으로 사용하기엔 길기도 하고 너무 익숙한 수식어구 같기도 해서 괜찮은 단어를 찾기 위해 고군분투했다. 그래서 탄생한 브랜드명이 '라, 스프링'이다.

'라(Ra)'는 이집트 신화에 나오는 태양신 이름이다. '태양'이라는 단어 자체는 강렬한 힘이 있지만 어감이 너무 무거웠다. 그래서 태양이라는 이미지만 가지고 올 방법이 없을까를 궁리하다가 신화를 찾아보게 됐다. 우리나라의 태양신은 고조선 단군신화 혹은 고구려 건국신화에 나오는 것이 다여서 내 호기심을 채우진 못했다. 그래서 찾아본 것이 다른 나라의 태양신이었는데 그중에 발견한 것이 이집트 신화였다.

무엇보다 '태양'과 '창조'라는 단어가 합쳐져서 생겼다는 설이 너무 좋았다. 그리고 이집트의 주신이라는 것, 벽화에 매의 머리를 하고 코브라가 태양을 둘러싼 모양의 왕관을 쓰고 있는 모습도 마음에 들었다. 더 이상 고민할 필요 없이 나의 '라'가 되었다.

'스프링(Spring)'은 말 그대로 '봄'이다. 봄의 어원은 여러 가지인데, 내가 좋아하는 어원은 겨울 동안 얼어붙었던 땅에 생명의 힘이 솟아오르고 풀과 나무에 꽃이 피고 동물들도 활기차게 움직여 '새로 본다'라는 '새봄'의 준말이라는 설이다. 그리고 영어로는 말 그대로 스프링, 용수철을 뜻하는 것도 내 이미지에 딱 맞아서 나의 '스프링'이 되었다. 이렇게 해서 내 공방의 브랜드명 '라, 스프링'은 어느 것 하나 놓칠 수 없는 단어의 조합으로 탄생했다.

*공방 브랜드와 부제까지 정하니 그럴싸해 보인다.

브랜드명에 또 하나 덧붙일 것이 있었는데 그것은 브랜드 철학이다. 나의 브랜드 철학은 즐거움이다. 그리고 내 브랜드에서 즐거움은 인생 자체다. 하지만 사람은 늘 즐거울 수가 없다. 평생 희로애락을 반복하면서 살다 가는 것이 인생이기에 나는 내 브랜드의 중점을 '락'에 두고 싶었다. 그래서 브랜드의 부제로 즐거운 감각을 살리려 했다.

봄은 모든 생명이 시작되고 새로운 도전을 하고 싶어 하는 시기다. 우리나라의 모든 시작은 봄에서 출발한다. 삶과 죽음에서 봄은 늘 오지 않는 것 같다. 나는 이런 맥락을 깨고 싶었다. 언제든지 시작할 수 있고 무엇이든 할 수 있다는 감각을 담고 싶었다. 내가 시작하는 이 순간이 봄이다. 그리고 즐겁게. 그렇게 해서 브랜드의 부제 '햇살처럼 봄처럼. 하여, 어찌 즐겁지 아니한가'가 탄생했다. 따뜻하고 즐거운 감각을 싣기 위한 나의 의도를 적극 실었다.

한 해를 시작하는 '봄꽃'처럼

내 공방 브랜드에는 시그니처도 있다. 내 시그니처는 봄꽃에서 따왔고 모티브가 된 것이 바로 홀아비바람꽃이다. 이 꽃은 백색 꽃인데 나는 태양 느낌을 가져오고 싶어서 컬러는 선홍색으로 가져왔다. 학명은 아네모네 코라이엔시스 나카이(Anemone Koraiensis Nakai)이며 홀바람꽃, 조선은련화(朝鮮銀蓮花)라고도 한다. 아네모네가 그리스어로 '바람의 딸'을 뜻해서 나는 바람꽃으로 부르길 좋아한다. 시그니처를, 사람들이 일반적으로 봄꽃이라고 생각하는 진달래나 개나리가 아니라 바람꽃으로 정한 건 꽃말이 너무 예뻐서다. 홀아비바람꽃의 꽃말은 '비밀스러운 사랑'이다.

바람꽃을 선택한 이유로는 아슬아슬한 느낌과 자유로운 느낌, 그리고 비밀이 주는 오묘한 느낌들이 나를 사로잡았기 때문이다. 무엇보다 바람꽃은 꽃대 하나에 꽃 하나 피는 모습이 의지력도 대단하다는 생각이 들었다. 내가 생각하는 모든 에너지가 한가득 담긴 봄꽃이다. 나의 봄은 정말 봄꽃으로 시작해 봄꽃으로 끝날 정도로 봄꽃 사진으로 가득하다. 출사를 즐기는지라 봄꽃의 기운을 많이 접하게 되는데 봄꽃은 아름다울 뿐 아니라 한 해를 '열정'이라는 키워드로 시작할 수 있는 기운을 주기에 내겐 제격이다.

꽃을 피워내려면 일조량이 많아야 한다. 그래야 잎이 광합성을 해서 영양분을 축적할 수 있다. 온도 역시 꽃을 피우기에 적절하게 올라야 한다. 일조량, 적절한 습도와 온도 등의 환경이 잘 갖추어지고 충족되어야 꽃이 필 수 있다.

온 우주가 열정으로 가득 차야 한달까? 꽃이 피어야 번식이 이루어진다. 씨앗을 퍼뜨려야 다음 해에도 열정의 봄꽃이 찾아오기 때문이다. 그래서 꽃이 꽃을 피우는 것은 뜨거운 열정이 없으면 할 수 없는 일이다.

꽃은 보통 잎에 있는 플로리겐(Florigen)이라는 호르몬이 낮의 길이를 감지해 꽃을 피운다고 한다. 이 낮의 길이가 12시간 이상 유지될 때 피는 꽃이 봄꽃이다. 열정의 지속이라고 할 법하다. 그래서 나의 봄은 한 해의 시작이며, 열정의 출발이다. 내 공방의 시그니처가 봄꽃인 이유다. 정말 봄은 무엇이든 하면 될 것 같은, 작심삼일이 되더라도 무엇이든 시작하게 되는 정말 신기한 계절이니까 말이다.

주제가 있는 공방

공방 창업의 일순위로 '철학'을 꼽다니, 누군가는 좀 뜬금없는 것 아닌가 물을 수도 있을 것이다. 그러나 철학은 거창한 것이 아니다. 내가 즐겁게 일할 공방의 브랜드와 시그니처까지 일관되게 가져갈 수 있게 중심이 되는 하나의 주제 메시지라고 생각하면 된다.

'철학적 개념'을 하나 선정하게 되면, 브랜드와 시그니처는 저절로 따라오게 된다. 그리고 이 세 가지를 고민하는 사이에 공방 운영에 관한 계획과 생각들도 하나씩 정리할 수 있어 많은 도움이 된다.

반드시 확인해야 할 창업 체크리스트

첫 번째, 사업자등록증 내기

공방을 창업하기 위해 가장 먼저 할 일은 '사업자등록'이다. 사업자등록은 세무서에 직접 방문해도 되고 온라인으로도 신청이 가능하다. 신분증, 사업자등록 신청서, 임대차계약서가 필요하다. 온라인으로 신청 시에는 홈택스에 금융인증서로 로그인해 신청/제출 메뉴 아래에 사업자등록 신청으로 들어가서 신청하면 된다.

사업자등록에서 중요한 것은 상호명, 사업자 유형, 업종을 미리 정하는 일이다. 사업자 유형은 과세에 영향을 미치기 때문에 신중히 선택해야 한다. 기본적으로 일반과세와 간이과세가 있는데 공방 운영시에는 간이과세로 시작하면 된다. 필요 시에는 운영 중에도 일반과세로 변경이 가능하기 때문에, 간이과세로 먼저 운영해보는 것이 과세 부담이 적다. 단 업종에 따라 간이과세가 안 되는

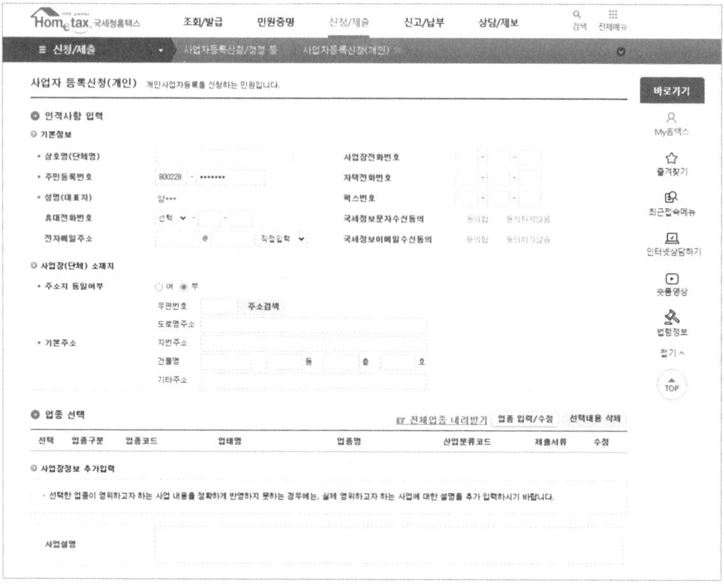

*국세청 홈택스 – 사업자등록증 신청 화면

경우도 있으니 이 점을 살펴보고 선택해야 한다. 업종은 업종코드 조회 사이트에서 체크하면 된다(upjong.co.kr).

두 번째, 통신판매업 신고하기

통신판매업은 온라인으로 판매를 원할 경우에는 꼭 신고해야 한다. 온라인 거래를 국가에서 인정해주고 판매자와 구매자에게 안전망을 구축한 것이기에 필요한 절차다. 통신판매업 신고 시에는 사업자등록증, 쇼핑몰 홈페이지, 구매안전서비스 이용확인증이 필요하다. 온라인에서도 신고가 가능하며 정부24 사이트에 공

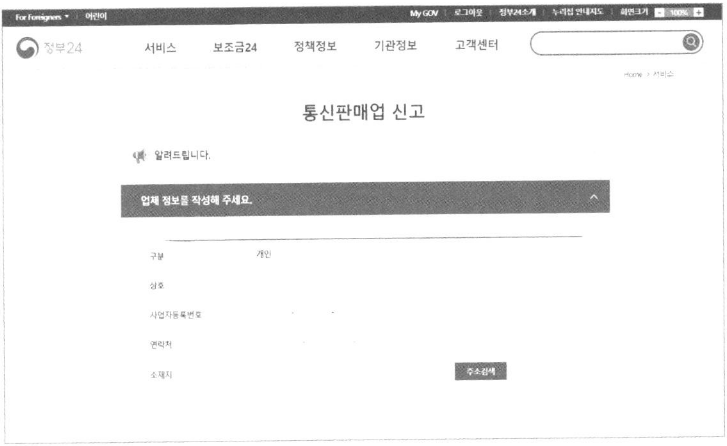

*통신판매업 신고 화면

동인증서로 로그인 후에 서비스>신청·조회·발급>통신판매업 신고 메뉴에서 신고 가능하다.

구매안전서비스 이용확인증은 에스크로 확인증으로 온라인에서 계좌이체, 무통장입금 등의 현금 결제 시, 중립적인 제3자의 중개를 통해 안전하게 거래할 수 있도록 하는 서비스다. 구매자와 판매자 사이의 거래에서 피해자가 발생하지 않도록 하는 서비스라 할 수 있다. 오픈마켓이나 쇼핑몰을 운영할 계획이라면 결제 연동 시스템에서 에스크로 확인증을 발급받을 수 있다. 그 외에는 은행에서 발급받을 수 있다.

통신판매업 신고증을 수령하려면 '통신판매업 등록면허세'를 내야 한다. 지방세법에 따라 1년에 1번 매년 납부해야 한다.

세 번째, 사업자용 계좌 개설하기 & PG 혹은 VAN 가입하기

금융 계좌를 사업용과 가계용으로 구분하는데, 사업에 필요한 금융 이용에 편리하고 혜택 관리도 있기 때문에 꼭 사업자용으로 개설하는 게 좋다. 사업용 계좌 개설 시, 사업자등록증 사본, 임대차계약서, 신분증이 필요하다. 그 외에 은행마다 요청하는 서류가 다르기 때문에 미리 은행에 문의해야 한다. 그리고 사업자용 통장에는 OTP기기를 사용하기 때문에 기기 사용비를 챙겨 가야 한다.

그리고 내 사업장에서 카드 결제를 해야 한다면 'PG' 혹은 'VAN' 가입을 해야 한다. PG는 'Payments Gateway'의 준말이며 '결제를 위한 관문'이란 뜻이다. 신용카드사와 직접 계약하기 힘든 온라인 쇼핑몰을 대신해 결제 업무를 대신해주는 역할을 한다. 대표적인 PG사는 토스페이먼츠, KG이니시스, 나이스페이먼츠, NHN한국사이버결제 등이 있다.

'VAN'은 'Value Added Network'의 약자이며 부가가치 통신망사다. 업체에서 이루어지는 카드 결제를 승인하고 금융기관을 대신해 전표 매입 등의 업무를 대행하는 업체다. VAN사마다 다양한 POS시스템 및 단말기가 있기 때문에 내 상황에 맞게 선택하면 된다. 대표적인 VAN사로는 코밴(KOVAN)과 제이티넷(JTNet)이 있다.

PG와 VAN의 차이는 '수수료'에 있다. VAN사는 카드사로부터 수수료를 받아가고 PG사는 카드사에 수수료를 내고 결제를 연동하는 구조이기 때문에 수수료가 발생한다. 여기에 따른 수수료가 차이가 나기 때문에 꼼꼼히 체크해서 선택하면 한다.

네 번째, 현금영수증 가맹점 신청 및 사업 계좌 등록하기

현금영수증 발급을 해주지 않을 경우 거래 대금의 20%에 해당하는 가산세가 부과되고 소비자가 현금영수증 발급 거부 사실을 신고한 경우에는 미발급 금액의 20%를 신고한 사람에게 포상금으로 지급하게 된다. 따라서 의무발행 업종 사업자이면 꼭 현금영수증 가맹점으로 가입해야 한다. 현금영수증 가맹점 가입의무자에 해당하는지 여부는 국세청 홈페이지를 참고한다. 현금영수증 가맹점 가입 방법은 국세청 홈택스에 조회/발급>현금영수증 발급>현금영수증 발급 사업자 신청에서 등록하면 된다.

사업자용 계좌를 개설했다면 홈택스에 계좌를 등록한다. 신고/납부>일반신고>사업용(공익법인 전용)계좌 개설>인적 사항 및 사업용 계좌 정보 입력>신청하기를 하면 된다. 계좌를 등록해 놓으면 종합소득세 신고 시 입출금 내역관리가 편해지고 매입증빙자료나 세금계산서 관리가 쉬워진다.

다섯 번째, KC인증 받기 & CHEMP 등록하기(캔들 대상)

캔들은 생활화학제품으로 KC인증을 받아야 판매가 가능하다. KC는 국가통합인증마크(Korea Certification Mark)로 안전·보건·환경·품질 등 분야별 인증 마크를 하나로 통합한 것이다. 2009년 7월에 산업통상자원부와 고용노동부의 10개 인증마크를 통합해 출범했고 현재 부처 23개 법정의무인증제도가 KC마크를 사용한다.

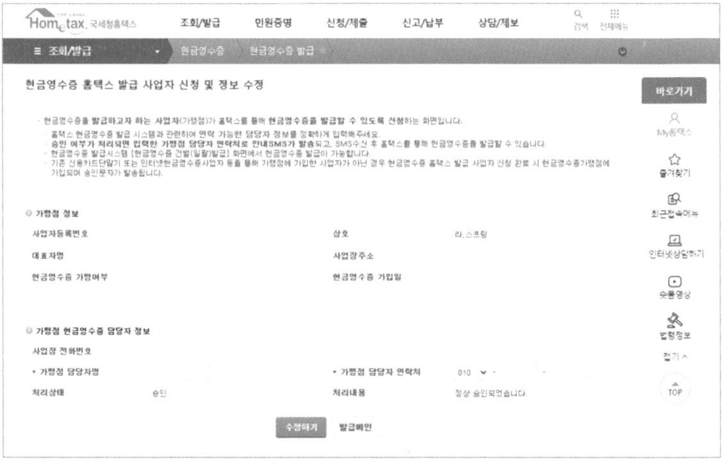

*현금영수증 가맹점 신청 화면

캔들이 받는 KC인증은 산업통상자원부 국가기술표준원에서 국민의 안전 확보를 위해 안전관리 대상 제품이 안전 요건을 만족하는지 안전성을 확인 관리하는 제도이다. KC인증을 받아야 판매가 가능하므로 꼭 인증을 받자.

인증 과정은, 생활화학제품이므로 KC인증기관에 직접 만든 캔들과 신청 서류를 보내어 접수한다. 접수 뒤에 기관에서 수수료 납부 요청이 오면 결제를 한다. 그 후에 검사가 진행되고 확인결과서가 나오기까지 15일에서 한 달 정도가 소요된다. KC인증기관은 KCL, KTC, KOTITI 등이 있고 기관별로 소요기간과 비용이 다르니 비교해 보고 선택하면 된다.

KC인증 확인결과서가 나오면 CHEMP 화학제품관리시스템에 가입해서 제품 등록을 해야 한다. 실질적으로 판매할 완성 제품에

*인증기관 KTC 화면

대한 정보를 관리하는 시스템이기에 제품 개수별 등록을 해야 해서 생각보다 시간이 많이 걸린다. 제품 수대로 등록, 검증, 확인, 수정 등의 절차가 이루어지는 데다가 담당자가 선택되어도 바로 진행이 되지 않기 때문에 대기 시간이 길다. 수시로 시스템에 접속해서 현재 상황을 체크하고, 수정요청에도 빠른 수정이 되어야 차질 없이 진행된다.

제품을 등록할 시에는 원료의 함유물질 MSDS 서류가 필요하기 때문에 원료를 구매했던 사이트나 업체에 MSDS 서류 요청을 해서 받아놓아야 한다. 그리고 캔들 제품 특성상 캔들 기본재료는 같

*CHEMP 화학제품관리시스템 화면

으나 향이 다르게 만드는 제품도 많으므로 제품별 파생신고가 가능하다.

파생신고는 향에 대한 함유물질 MSDS가 전부 다르기 때문에 필요한 절차다. 제품 등록 시에 제품에 KC인증 안내가 부착된 제품 사진이 필요하기 때문에 소소하게 작업 및 등록 시간이 오래 걸리므로 판매가 급한 경우에는 빠른 등록을 해야 증명 발급 진행이 수월해진다. 전체적인 일정이 생각대로 되지 않을 수 있기에 꼭 미리미리 준비하고 문의해서 진행하는 것이 좋다.

여섯 번째, 시그니처 및 브랜드 론칭하기 & 상표출원하기

자신만의 브랜드를 구축했다면 꼭 상표출원에 도전해 보길 권한다. 내가 만든 상표를 지킬 수 있는 방법은 공식적인 자료가 필수다. 경쟁자로부터 제품과 브랜드를 보호할 수 있고 브랜드 가치를 유지하고 키워나갈 수 있다.

우리나라에는 특허정보 검색서비스가 있다. 키프리스(KIPRIS) 사이트인데 특허청이 보유한 국내외 지식재산권 관련 모든 정보를 DB로 구축해 일반인이 검색 및 열람을 할 수 있도록 해놓았다. 키프리스에서 상표출원된 브랜드들을 검색해서 확인 가능하다. 미리 상표출원된 목록을 살펴보면서 내 브랜드가 상표출원해도 되는지 안 되는지에 대해 알아보는 것이 우선이다. 검색해서 없다면 내 브랜드명을 상표출원해도 된다.

상표출원은 혼자 해도 되지만 변리사를 통해서 진행하는 것이 여러모로 이득이다. 특허에 관한 각종 정보나 진행 절차가 까다롭

*'라스프링' 상표 출원

기도 하고 신청에 관련해 요청되는 정보들이 일반인이 이해하기에는 난해한 것이 많다. 그리고 상표 등록은 약 8개월 이상의 시간이 소요되므로 최대한 빠른 시일 내에 출원을 하는 것이 좋다. 상표권 등록이 완료되면 10년 동안 권리가 주어지며 갱신 신청이 가능하기 때문에 자신의 상표가 안전하게 유지되길 바란다면 상표출원이나 디자인 등록을 하길 바란다.

나는 상공회의소에서 진행하는 상표출원 지원 사업에 신청해서 '라스프링'으로 상표출원 신청을 했다. 현재는 등록이 되어 출원/심사대기 상태다. 상표출원서가 출원일 인정 요건을 갖추어 특허청에 수리되었으나 심사관 배정이 되지 않은 상태다. 아직 몇 단계가 더 남았지만 상표출원을 등록했고 현재 키프리스에 검색에 나오는 것으로 기대 이상의 효과가 있다. 무엇보다 내가 만든 브랜드명이 상표로 인정받고 내가 주체가 된다는 것에 의의가 있다.

공방을 창업할 때, 위의 6가지면 무리 없이 시작할 수 있다. 상표출원을 반드시 해야 하는 것은 아니지만, 내 공방의 상표를 보장받는 것이므로 알아두면 좋을 것이다. 생각보다 창업은 외롭기도 하고 재미있기도 하며 쓸쓸하기도 하고 멋지기도 하다. 자신이 스스로를 끊임없이 다독이고 다듬으며 이루고자 하는 바를 살펴야 한다. 나보다 더 멋지게 나아가는 분들도 많겠지만 그 속에서 나 또한 그렇게 나아가고 있다고 믿어 의심치 않아야 한다.

마케팅, 운영은 모두 셀프로

플랫폼은 나의 주무대가 될 수 있는 곳으로 확정하라

나는 온라인으로 마케팅을 한다. 이미 많은 이들이 온라인으로 마케팅을 하고 있고 현재 수많은 온라인 플랫폼들이 넘쳐나고 있다. 그만큼 필수 불가결이 된 것이 온라인 마케팅이다.

플랫폼(Platform)이란 기차역이나 지하철역이란 뜻이지만 온라인 및 모바일 시스템에서는 다른 의미로 사용되었다. 예컨대 기업에서 물건을 생산하는 공장만 짓는다고 제품이 만들어지지는 않는다. 어떻게 만들 것인지 설계하고, 프로세스에 따라 필요한 것을 구비해야 한다. 이런 시스템이 구축된 후에야 목표하는 제품 생산이 가능하다. 이런 모든 과정이 플랫폼이다.

대표적인 온라인 플랫폼들은 네이버, 카카오, 아마존 등을 꼽을 수 있다. 요즘은 모바일 전용 플랫폼도 매우 활성화되어 있다. 아이디어스, 핸드메이드오, 인스타그램 등이 대표적인 모바일 전용 플랫폼이라 할 수 있다. 이외에도 쿠팡, 티몬, 위메프, 옥션 등의 소셜커머스와 G마켓, 11번가 같은 오픈마켓 등도 포함된다.

우선 온라인 플랫폼으로 마케팅을 하고자 한다면, 데이터를 모은다는 생각으로 준비해야 한다. 중요한 것은 이 많은 플랫폼에 대해서 다 알 수가 없다는 것이다. 결국은 크고 경쟁력 있는 플랫폼을 이용하기 마련이다. 그렇다면 경쟁력 있는 플랫폼은 무엇일까?

먼저 내가 어느 범위까지 핵심적으로 사용할 것인지 명확하게 구분해서 준비해야 한다. 다양하고 복잡하고 어려운 기능들은 오히려 활용도가 떨어진다. 막연히 디자인이 좋아서, 다른 업체가 이용하는 플랫폼이어서 등의 이유도 주의해야 한다. 복잡하거나 무거운 느낌이 들지 않는 것이 좋으니 부차적인 기능들은 과감히 빼자. 그리고 제일 중요한 것은 디바이스 구분 없이도 언제든지 자신의 데이터에 접근 가능하고 사용할 수 있는 플랫폼이 좋다.

마케팅을 통해 수집된 데이터로 사용자를 위한 방법론을 구체화할 수 있어야 한다. 유입 경로, 구매 과정 등의 내용들이 확인 가능해야 한다. 이렇게 확인한 데이터로 또 다른 마케팅 의사결정을 하고, 새로운 마케팅이 이루어지고, 다시 유저 확보가 되고 또 다른 인사이트를 만드는 선순환 구조가 가능해야 한다.

무엇보다 익숙한 채널이 중요하다. 아무래도 구매자에게 구매를 부추기는 것보다는 내가 구매자일 때에도 익숙한 채널에서 구매가 훨씬 많이 이루어진다는 것을 알고 있기 때문이다.

네이버 200% 활용하기

네이버는 회원에게 여러 가지 플랫폼을 제공하고 있다. 그중에 마케팅에 활용할 만한 서비스가 제법 있다. 우리나라에서 네이버 점유율은 50%가 넘는다. 구글 점유율도 급성장하고 있지만 네이버가 독보적인 건 변함없다. 친숙하기도 하지만 네이버가 알고리즘이나 서비스에 엄청난 투자를 하고 있기에 가능하다. 그래서 나도 네이버 유저로서 여러 서비스를 이용하기에 마케팅도 능동적이고 적극적으로 이용하고 있다.

우선 내 브랜드를 소개하고자 '네이버 플레이스'에 등록했다. 사업자등록증만 있으면 등록 가능하다. 네이버 플레이스는 검색에도 유리하기 때문에 꼭 등록하는 것이 좋다. 기본적으로 검색을 하면 지도에 노출이 되며 신규 업체를 소개해주기도 하니 안 쓸 이유가 없다. 블로그를 연결하면 블로그의 내용들이 플레이스에서도 노출이 되어 여러 고객들에게 소식을 알릴 수 있다.

네이버에는 스마트콜 서비스로 사업자용 무료 전화번호 서비스가 있다. 스마트콜 서비스를 플레이스에 연결해서 업체용 번호로 사용도 가능하고 ARS 기능, 부재중 전화 확인, 발신번호 확인, 통화 정보 등의 관리가 가능해 함께 쓰면 좋다. 또 톡톡 서비스가 있는데 PC나 모바일에서 상담이 가능한 메신저 도구다. 플레이스에 톡톡 서비스를 연결해 놓으면 검색 유저들의 다양한 문의도 바로 바로 처리가 가능하다. 그리고 네이버 예약 서비스를 운영한다면 플레이스에도 예약 서비스 연결이 가능하기 때문에 예약 운영에

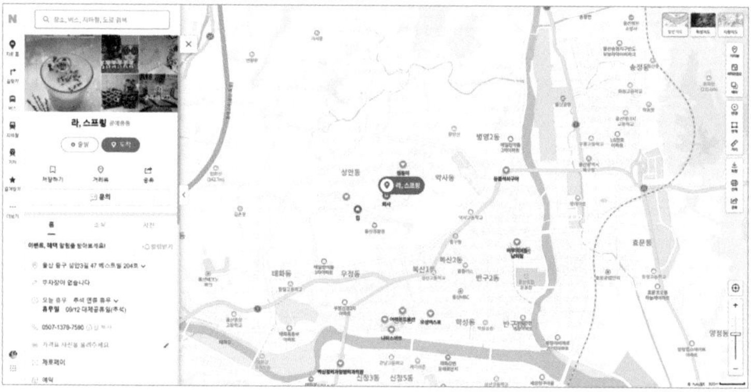

*'라, 스프링@' 검색 화면, 플레이스 화면

도움이 된다. 아는 만큼 이용이 가능하니 다양한 기능을 활용해 보면 좋다.

네이버에는 뭐니 뭐니 해도 블로그가 빠지면 안 된다. 블로그가 무료 홍보에 직접적 효과가 좋기 때문이다. 블로그를 활용하면 네이버의 검색 알고리즘 활용이 배가 된다. 네이버에서 마케팅 관련한 검색을 해보면 블로그 활용에 대한 내용이 넘쳐난다. 이것은 그만큼 도움이 되기 때문이다. 네이버는 검색 포털사이트이다. 이것은 변함없는 것이고 포털사이트를 활용하기 위해서는 블로그에 공을 들일 수밖에 없다.

블로그 활용을 높이려면 글 내용의 품질을 높여야 한다. 글 내용이 충실해야 하고 키워드가 꼭 있어야 네이버 검색엔진에서 선택률이 높아진다. 또한 사진 사용에 있어서도 조심해야 하고 저작권이나 창작자 침해가 되지 않는 정보나 사진을 이용해야 한다. 모든 것이 '사실'이어야 하는 것이다. 브랜드를 홍보하는 차원에서 블로그의 글 내용은 정말이지 큰 책임이 따른다. 온라인이라는 곳이 익명성이 보장되는 곳이긴 하나 브랜드를 오픈하고 운영하는 위치라면 모든 내용이 오픈되는 것이다.

네이버에는 모바일 홈페이지 무료 제작 서비스가 있다. 네이버 모두(Modoo) 플랫폼이다. 다양한 템플릿으로 쉽게 생성이 되고 운영도 쉽다. 홍보 사이트가 필요하면서 자주 수정이 필요 없다면 꼭 활용해볼 만하다. 모두에도 플레이스처럼 다양한 서비스를 연결해 원하는 페이지를 만들 수 있다. 처음에는 조금 복잡해 보이긴 하지만 막상 사용해 보면 블로그에 글을 쓰는 것보다 쉽다.

그리고 모두 서비스는 네이버에서 '홈페이지명@'으로 검색어를 만들 수 있기 때문에 명함용으로도 좋다. 나도 '라, 스프링@'으로 검색이 가능하다. 이 키워드는 내가 삭제하지 않는 한 계속 사용이 가능하기 때문에 홍보에 매우 좋다.

사실 네이버 블로그를 홈페이지형 블로그로 만들어 홍보 사이

*'라, 스프링' 모두 홈페이지

트로 이용하는 업체도 많다. 홈페이지형 블로그는 수공이 들고 접근이 어려운 단점이 있지만 모두 서비스는 무료이며 생성자로서 접근이 쉬운 것이 장점이다. 작은 사업체이고 혼자 운영하는 사업자라면 블로그를 운영하면서 다양한 서비스를 활용한 특별한 '나만의 마케팅'을 준비하는 것이 쉽고 효과가 좋은 플랫폼이 최고다.

네이버의 쇼핑몰, 네이버 스마트스토어

이제는 본격적 판매를 위한 서비스를 준비해야 한다. 마케팅이라고 하면 판매를 위한 홍보 수단이겠지만 직접적으로 판매까지 가능한 플랫폼이 네이버 스마트스토어다. 네이버에는 쇼핑이라는 큰 카테고리 메뉴가 있고 다양한 판매가 이루어지고 있다. 온라인 쇼핑몰뿐만 아니라 다양한 오프라인 몰들도 입점해 있는 곳이다.

나는 개인적으로 네이버 쇼핑몰을 자주 이용하고 있기에 판매 이용자로서의 이용 루트도 잘 알고 있다. 또한 네이버에서 네이버 쇼핑 혜택을 위해서 운영하고 있는 네이버 플러스 멤버십도 가입해 있다. 그만큼 네이버 서비스를 다양하게 사용하므로 쇼핑몰 운영도 나에게는 친숙한 네이버 스마트스토어를 선택하게 되었다.

또 온라인 쇼핑몰이라고 하면 요즘은 페이 가입도 중요한 포인트인데 네이버는 N페이도 연동이 되어 이용자에게 다양한 혜택을 주고 있다. 스마트스토어에 가입하면 이런 네이버 서비스가 자동으로 연결되기 때문에 관리자 입장에서는 매우 편리하다.

플랫폼 사용에 있어서 관리가 쉬워야 하는 것은 사용자에게 매우 중요하지만 그 편리성을 제공함에 있어서는 또 다른 문제이기에 쉽게 판단하기 어렵다. 나는 네이버의 여러 서비스를 이용하고 있고 오랫동안 접해왔기 때문에 이런 문제가 쉽게 해결이 된 것이다. 상품 관리나 재고 관리, 광고 관리 같은 판매에 필요한 기본 개념이 어려울 뿐이지 플랫폼 사용은 이미 여러 서비스를 이용했기에 크게 어렵지 않게 사용하고 있다.

플랫폼에 적응이 되었다면 이제 본격적으로 상품을 올리고 판매 준비를 하는 것이 옳다. 이제 적극적인 판매에 나서보자.

확실한 광고를 위한 네이버 광고

네이버는 검색 포털사이트이기 때문에 광고가 많이 붙는다. 그중에 사이트 검색 광고(파워링크), 쇼핑 검색 광고 등의 광고 서비스를 운영하고 있다. 네이버 광고는 유료 서비스다. 시스템이 조금 복잡해서 일반 유저들이 활용하기 힘들기 때문에 업체를 통한 광고 서비스 이용이 많이 이루어지고 있다.

하지만 적극적으로 공부해서 직접 운영한다면 적은 금액으로도 큰 효과를 누릴 수 있는 것이 네이버 광고다. 그리고 네이버는 어느 서비스든지 활용법이나 사용법에 대한 안내 동영상이 잘 되어 있기 때문에 틈틈이 공부하면 좋다.

내가 온라인에 문외한이라 하더라도 인터넷 활용 능력만 갖추면 이 서비스들을 활용하는 것이 크게 문제되지 않는다. 단지 시간이 좀 걸릴 뿐이겠지만 이것도 사용하다 보면 단축된다. 너무 어렵게만 생각하지 말고 도전해 보길 권한다.

내가 하고 싶은 마케팅

앞에서도 강조했듯이 내 마케팅의 제1원칙은 빠르고 적극적인 마케팅이 아니었다. 만약 바로 결과를 내야만 했다면 공격적인 마케팅을 펼치고 스피디함을 추구했을 것이다. 또 다양한 이벤트를 활용해서 판매를 즉각 유도하는 데 주안점을 두었을 것이다.

그러나 나는 나를 드러내는 마케팅, 나 자신이 브랜드가 되는 마케팅을 하고 싶었기에 천천히 공을 들여서 하고 있다. 이 시간이 좀 지루하기도 하지만 또한 바쁘기도 하다. 전체적인 흐름은 빠르지 않지만 그 속에서 준비하는 과정은 정신없다.

매일 혹은 매주 스토리를 만들어 꼬박꼬박 블로그든 인스타그램이든 글을 쓰는 중이다. 무엇보다 블로그는 짧은 시간에 효과가 나오기가 힘들기 때문에 매주 혹은 일정 기간을 두고 공을 들여야 한다. 이런 기간을 가지지 않으면 효과도 없고 결과를 낼 수 없다.

인스타그램도 내가 인플루언서가 아니기 때문에 효과가 바로 나오는 곳은 아니다. 주변 도움을 받지 않고 나를 홍보한다는 것은 매우 어렵다. 그래서 인스타그램도 장기간 염두에 두고 작업을 하는 중이다.

어떤 플랫폼이 되었든 마케팅의 변하지 않는 원칙은 꾸준함이다. 자신이 선택한 플랫폼의 정확한 특징을 알고 이를 바탕으로 무엇을 얼마나 해야 하는지 알고 접근한다면, 마케팅에 대한 결과는 결코 우리를 배신하지 않을 것이다.

마케팅과 운영 모두를 셀프로 해야 하는 것은 아니다. 상황에 따라 마케팅을 외부 업체에 의뢰할 수도 있고, 운영을 전문가에게 잠시 맡길 수도 있다. 그러나 두 가지 상황 모두 자신이 컨트롤하는 원칙은 변하지 말아야 한다. 이것이 내가 공방 창업을 결심했을 때부터 지켜오던 큰 원칙이다.

고객 관리는 커뮤니티로 유지한다

블로그 '이웃 관리'는 필수다

나는 네이버 블로그를 한다. 블로그에 가입한 지는 벌써 수년이 되었지만 사실 제대로 운영하지는 않았었다. 블로그는 단지 정보 수집용으로만 활용했었던 터라 개인적으로 추가한 이웃은 많지만 '서로이웃'은 별로 없어서 홍보나 고객 관리에 사용하기에는 미비하다.

이제는 브랜드 오너로서 제대로 활용하고 싶어서 이웃 관리에 진지하게 임하고 있다. 커뮤니티가 이루어지려면 이런 소소한 관리가 우선이라고 생각한다. 이웃 관리에 대해 조언이 필요해서 정보를 찾아보면 노하우가 있는 블로거들 조언이 생각보다 많다. 그만큼 할 말이 많고 필요한 이야기들이라 생각된다.

우선 블로그는 '이웃'과 '서로이웃' 기능이 있다. 이웃은 책갈피 개념으로 내 블로그에 갈무리하는 기능이고 서로이웃은 블로그 주인끼리 친구를 하겠다는 약속의 개념으로 보면 된다.

블로그 활동 없이 서로이웃 신청만으로 무작정 이웃의 수를 늘려나가려는 블로거가 많기에, 많은 이들이 꼭 서로이웃을 신청한 블로거의 블로그를 들어가본다고 한다. 블로그의 커뮤니티는 댓글과 응원으로 서로 소통하는 것이 중요한데 이웃 수만 늘리려는 사람에게는 이런 소통이 없기 때문이다.

일방적 소통으로 끝날 것 같으면 '이웃' 신청으로 끝내면 된다. 이웃 신청으로 등록된 블로그는 새 글이 올라올 때 새 글을 올린 블로거의 공개 범위에 따라 나에게 새 글 알림이 온다. 하지만 진정한 소통으로 계속 연결되고 싶다면 서로이웃 신청을 하면 된다. 서로이웃을 신청하면 상대방도 나에 대한 이웃 등록을 해주어야 서로이웃이 된다. 서로이웃이 되었다면 이제 공통 관심사나 상대방의 관심사에 댓글로 서로 소통도 하고 커뮤니티도 형성되어 내 블로그의 마케팅에 큰 도움이 된다.

파워블로거가 되는 조건 중에 일일 방문자 수도 중요하다. 그만큼 커뮤니티가 잘 형성되었다면 방문자가 늘어나게 되어 있기에 서로이웃은 중요해진다. 이왕 블로그를 하는 블로거가 될 거라면 파워블로거를 목표로 하는 것도 좋은 에너지가 될 것이다. 블로그 관리는 그만큼 소통에 필수가 되고 있다.

인스타그램으로 이어지다

나는 인스타그램도 즐겨 한다. 인스타그램은 2010년에 사진과 동영상으로 공감대를 형성하고자 전 세계 커뮤니티를 위해 오픈했다. 그래서 나도 처음에 긴 글 없이 사진 한 장으로 하루를 표현하거나 짧은 일기 같은 표현이 가능해서 시작하게 되었다. 특히나 출사를 나갈 정도로 사진 찍는 것을 좋아했던지라 사진 올리기가 편해서 제일 좋았다.

그런 단순한 인스타그램이 지금은 많은 기능을 가지고 있다. 여러 기능 중에 검색 기능이 탁월해 마케팅하기에도 좋고 정보 제공에도 매우 좋다. 인스타그램의 검색은 태그를 가지고 다양한 사진이나 동영상 그리고 계정을 찾아볼 수 있다는 장점이 있다. 여기서 글을 올린 이들이 등록한 사진에 태그를 같이 달아놓으면 검색엔진에서 태그를 뽑아 보여준다. 그러다 보니 마케팅에 급격하게 활용하게 되면서 지금에 이르러 홍보에는 인스타그램이 필수라는 이미지까지 생겨났다.

거기에다 계정을 찾아 들어가면 사진이나 동영상 등의 분위기에 따라 브랜드 이미지가 직관적으로 느껴진다. 열 마디 말보다 인스타그램을 찾아보는 것이 백배 좋은 효과를 준다. 이렇게 시각 및 오감까지 컨트롤이 가능해서 커뮤니티 앱을 사용하지 않을 이유가 없다. 무엇보다 이벤트를 기획하고 홍보하기엔 더할 나위 없이 좋기에 꼭 활용하면 좋겠다.

나는 이번에 부산 해운대에서 열리는 '2022 라이프 트렌드 페어'에 다녀왔는데 가는 부스마다 인스타그램 팔로우 이벤트뿐이었다. 인스타그램 팔로우는 팔로우된 계정에 대한 정보를 수시로 확인이 가능하고 팔로우 수에 따라 인플루언서가 될 수 있는 것이어서 홍보에 적극적으로 활용하면 좋다.

나는 그중에서도 인스타그램이 가지고 있는 또 다른 기능인 메신저(Messenger)의 DM(Direct Messenger)을 활용하려 한다. 아직 오픈하지는 않았지만 커뮤니티 형성에 중요한 기능이다. 이미 많은 쇼퍼들이 이용하고 있다. 핸드메이드 같은 경우에는 기성품이 아니고 고객 개인 취향 위주의 상품이라 결제하기까지의 과정이 좀 걸린다. 쇼퍼들의 궁금증을 일일이 댓글로 답하는 것보다 DM을 활용해 한 번에 해결하는 것이 비즈니스에 도움이 많이 되어서 매우 좋은 기능이다.

오프라인으로 플리마켓에 나가자

오프라인 커뮤니티는 많이 어렵다. 그래서 내가 선택한 것은 플리마켓에 나가는 것이다. 요즘은 체계를 갖춘 플리마켓이 많이 개최되기에 판매 경험을 쌓기에도 좋고 작가들과 커뮤니티 형성에도 도움이 된다.

핸드메이드 작가가 되니 플리마켓에 나가기가 좋은 조건이다. 특히 오프라인 매장이 없는 소상공인의 경우 플리마켓은 유일한 오프 매장이 된다. 앞서 편집숍이나 팝업스토어도 추천했지만 진입 장벽이 더 낮은 것은 아무래도 플리마켓이다.

거기다 온라인은 비특정 다수를 대상으로 준비해야 해서 어디서 문제가 생길지 알 수 없다는 것이 어려움으로 남지만 플리마켓은 내가 직접 손님과 맞닿는다는 점에서 한결 문제 해결이 쉽다. 무엇보다 실제적 판매 경험을 한다는 것이 매우 좋은 경험이 된다.

또 다른 장점은 옆에서 두루두루 판매자들과의 공통분모를 공유할 수 있다는 점과 또 내가 생각지도 못한 소통이 이루어지는 장이라는 점이다.

커뮤니티는 나에게도 필요하다

커뮤니티라고 하면 좀 어려운 느낌이다. 어떻게 해야 할지, 무엇을 해야 할지, 또 어떤 식으로 해결해야 할지 등등 여러 면에서 혼자서는 어렵다.

나는 기본적으로 긴 호흡으로 가자는 신조이기에 시작부터 똑부러지게 하려는 마음을 누르기도 한다. 준비가 잘돼서 처음부터 원하는 만큼 잘되면 얼마나 좋겠냐마는 사회생활 20년 차가 넘는 지금, 아무리 생각해봐도 그렇게 시작부터 잘되었던 적이 없다.

조급하면 조급할수록 실수도 많고 짜증만 나고 부정적으로 보는 시선만 자꾸 겹쳐서 될 일도 안 된다. 나는 기본적으로 긍정적 마인드가 타고난 사람이라 부정적인 생각이 오랫동안 지속되지는 않아서 금방 내 페이스를 찾곤 한다. 이상하게도 긍정적 마인드로 올라서면 어렵던 일이 안 풀렸던 적이 없다.

힘든 과정을 겪고 있지만 내가 시작한 브랜드 사업이고 취미 작가이며 공예 작가가 되었으니 나의 꾸준함을 밀고 나갈 예정이다. 그러면 어느새 나의 입지가 다져지고 나의 업은 업그레이드가 계속되어 있을 테니까. 고객과 함께 커뮤니케이션하는 날을 기대해 본다.

공방은 느리게,
긴 호흡으로 운영하자

공방의 시간은 느리게 흐른다

공방은 혼자 운영하는 곳이 아니다. 내가 핸드메이드 작업을 하는 장소이고 또 수강생들에게 핸드메이드 작품 만들기를 가르치는 곳이라 해도 이 공방을 나 혼자 운영하는 곳이라고 생각해본 적은 한 번도 없다. 고객이 찾아와주고 수강해주어야 내 공방은 비로소 그 의미를 가진다. 그래서 다 같이 함께 운영하는 시간이 모여 공방의 시간이 된다고 나는 생각한다.

나는 이런 공방의 시간을 뿌리가 뻗어온 시간 같은 존재로 보기를 바란다. 줄기나 잎이 죽어나가도 뿌리가 성하면 곧 성장할 수 있는 발판이 되고 또 뿌리가 다치지 않고 성하면 나무가 건강하게 자랄 수 있기에 뿌리는 매우 중요하다. 내 공방이 중요한 만큼 뿌리를 다지는 시간에 정성이 없으면 안 되는 것이다.

공방에서 보내는 시간이 길면 길수록 빈티지하고 손때 묻은 도구들이 쌓일 테고 그것들이 쌓이면 또 그만큼 신뢰감이 착실하게 쌓일 테니 안달하지 않았으면 한다. 걱정되고 부담될 때마다 나무 뿌리만큼은 아니어도 꽃이 필 때까지의 뿌리 정도로도 진득하게 정성을 다했으면 좋겠다.

뿌리의 역할은 성장의 발판이 되는 것뿐 아니라 착실하게 숨을 쉬는 기능도 한다. 땅속은 산소가 부족한 만큼 뿌리는 숨을 쉬려고 옆으로 길게 길게 뻗어나간다. 따라서 나무를 심을 때는 흙을 두껍게 깔거나 단단하게 다지지 말아야 한다. 공방도 마찬가지다. 안팎 환경의 영향을 많이 받기에 안과 밖에서 보내는 시간들을 착실하게 쌓아가는 것이 중요하다. 내실을 기하는 만큼 고객관리 같은 외부의 환경 조성도 매우 탄탄히 해야 한다. 장기간의 계획은 이것들을 가능하게 해준다.

나무에게서 배우는 벤치마킹

공방을 나무의 뿌리라고 생각하고 운영할 때, 이 공방을 운영하는 주체인 나는 아마 나무의 줄기와 잎쯤 될 것이다. 식물의 줄기 역시 나무의 뿌리처럼 햇볕과 산소가 필수다. 게다가 줄기는 영양분을 잎으로 보내고 잎은 광합성을 해야 한다. 그래야 엽록소를 만들어 영양분을 공급할 수 있기 때문이다.

공방의 주체인 내가 하는 일 역시 공방이 살아남을 수 있도록 에너지를 공급하는 역할이 될 것이다. 공방에서 살아남는 방법을 어떻게든 찾고 이 일을 소화해야 하는 것이다.

공방에서 보내는 하루는 다양하다. 어느 날은 혼자 하루 종일 보내기도 하고 어느 날은 사람들이 몰려와 북적북적하게 보내기도 한다. 두 날의 양상은 정반대이지만 그럼에도 내 공방에서의 일과는 어떻게든 해내야 한다는 게 정말 어렵고 힘든 숙제가 아닐 수 없다.

식물은 살아남으려고 견디기 전략, 세우기 전략, 펼치기 전략, 끼치기 전략, 나누기 전략 등 여러 가지 전략을 이용한다고 한다. 나는 식물의 전략 중 나누기 전략과 견디기 전략, 펼치기 전략을 벤치마킹하는 중이다. 그중 대표적인 나누기 전략은 벌에게 꿀을 나눔으로써 꽃가루를 퍼뜨리는 전략이다. 이 전략은 너도 좋고 나도 좋은 상부상조 전략이기에 가능하면 많이 활용하려 애쓴다. 특히 프로젝트를 기획할 때는 이 나누기 전략이 효과를 충분히 발휘한다. 다른 공방과 협업해 서로 시너지를 내면 그만큼 서로에게 좋은 일은 없을 것이다.

견디기 전략은 최악의 조건에서도 살아남으려 구조 변경을 단행하는 경우다. 땅 위의 종들을 피해 연못에 뿌리를 내리고 물속의 산소 부족을 견딜 수 있게 잎의 윗면에만 통기 조직이 발달한 연잎이 대표적인 예다. 이 전략은 힘들 경우를 대비해 미리 준비를 해두면 좋을 것들이다. 공방에 구조조정이 있을 일이 뭐가 있겠냐고 물을 수 있겠지만, 사업에는 안 일어나야 할 일도, 어쩔 수 없는 일도, 생각지도 못한 일도 모두 생기기 마련이다. 견디기 전략이 필요할 경우 제때 꺼내 쓸 수 있도록 운영 전반을 살피는 일은 필수다.

나무의 펼치기 전략은 빛이 많은 쪽으로 줄기를 늘어뜨려 뿌리를 넓혀가는 것을 말한다. 공방 운영에서도 다양성을 꾀하면 고객 만족도가 높아질 것이므로 이 전략 역시 적극 벤치마킹하려 한다.

'같이 또 같이' 함께 어울리는 투자자를 모십니다

사업은 규모가 크든 작든, 또 종류가 어떻든 힘든 일이 있고 어려운 시기도 닥치기 마련이다. 그런 시기를 잘 극복해야 다음 단계로 도약할 수 있는데, 사실 그렇게 하기란 마음처럼 잘 되지 않는다. 사업의 위기 가운데 가장 절박하고도 위험한 일이 아마 자금과 관련한 문제일 것이다. 자금 위기란 곧 운영의 위기를 뜻하므로 이런 상황이 닥치지 않는 것이 좋겠지만, 그래도 대비는 해야 하기에 늘 걱정이 앞선다.

나는 이런 걱정을 떨치기 위해서 투자자를 만들고 있다. 투자자란 공동 운영과는 다른 개념이다. 주식 투자처럼 내 공방에 투자를 하라는 의미이니 말이다.

공동 운영이란 것도 있지만 말 그대로 사업을 같이 운영하는 것을 말한다. 동업이나 파트너 개념이다. 사업을 같이 운영하는 일에는 불편함이 따른다. 그러나 그만큼 장점이 많은 것도 사실이다. 혼자 모든 걸 결정하고 실행하기에 벅차거나 조언을 많이 필요로 하는 사람들은 공동 운영을 선택하는 것이 좋을 수 있다.

그러나 내 경우엔 공동 운영이 맞지 않다. 나는 호기심 부자여서 옆에서 자꾸 제한을 걸면 어떤 일이든 진행이 안 될 것 같아 공동 운영은 애초에 포기했다. 공동 운영이 안정적으로 사업을 꾸려가기엔 좋을지 모르겠지만 호기심 부자로서는 불만만 쌓일 것 같아 혼자 하되, 대신 투자자를 모시기로 했다. 가장 일순위 투자자는 가족들이다.

부모, 친척, 지인 등을 대상으로 내 사업의 전망을 알리는 투자 설명회도 연다. 큰 액수는 아니지만, 투자 유치의 형식을 갖추고 있다. 투자자들에게는 내 작업 현황이나 일정, 수입과 지출을 투명하게 공개한다.

투자의 형식은 다양하다. 반드시 돈으로만 하는 투자 말고 응원의 메시지나 응원가 형식으로 투자를 하는 지인도 많이 만들고 있다. 내가 지치고 힘든 시간에 잔소리 없이 그저 응원을 해주거나 공감해주는 것만으로도 의지가 되고 힘이 될 때가 있기 때문이다.

작은 공방이지만 의외로 말도 많고 탈도 많은 곳이기에 조심해야 할 일들이 많다. 거기다 작품을 논하는 자리가 많은 곳인 만큼 감성이 움직이다 보니 '심상(心象)'이 드러날 일이 많다. 적잖이 오감을 활용해야 할 일이 많기에 피로도도 높다.

이런 시간을 잘 넘기려면 나의 투자자들이 필요해진다. 직접적인 문제 해결보다는 내 지친 심신을 언제든지 녹여낼 수 있는 든든한 지원군이 꼭 필요하다. 세상에 혼자 잘할 수 있다는 건 자만이다. 나보다 잘난 척척박사들이 많은데 왜 굳이 혼자 고군분투할까. 나는 절대 반대다. 내 공방은 '같이 또 같이' 함께 어울리는 곳이다.

나의 공방은 숲

나의 공방은 하나의 숲이다. 그 숲엔 아기자기한 꽃들이 많고 곳곳이 나무들로 가득한 아늑하고 한적한 곳이다. 나는 늘 내 숲을 가지고 싶어 했다. 한쪽엔 나무로 만든 집에서 매일매일 피톤치드가 나오고 깨끗한 이슬을 밟으며 하늘에서 떨어지는 별똥별을 보는 것이다.

나의 숲 입구에는 내 공방이 자리하고 수시로 공방에서 작업하며 지인들과 수다를 떨고 작가를 키워내고, 그리고 또 재미난 일이 없나 찾는다. 그리고 조카들을 불러서 신세대 이야기를 듣고 트렌드를 알아내고 또 재미난 일이 없나 찾고. 생각만 해도 즐겁다. 나는 내 공방에서 이런 미래의 공방을 그리면서 오늘도 공방 생활을 하고 있다.

숲에는 또 신기한 것이 있다. '수관기피(樹冠忌避)'라는 현상이다. 이는 나무들이 자라면서 서로 닿지 않으려고 기피하는 현상을 말한다. 아직은 수관기피 현상이 왜 일어나는지 정확한 이론은 없다고 한다. 하지만 많은 가설 중에 내가 좋아하는 이야기는 병충해 같은 병들의 확산을 막기 위해 나무들이 스스로 거리를 둔다는 것이다. 말도 못하는 식물 세계에서도 서로를 보듬어준다는 것이 매력적으로 다가왔고 큰 숲이 병들지 않고 건강하게 숨 쉬고 살아 있을 수 있는 이유가 되는 것으로 생각됐다.

난 오늘도 숲과 같은 공방을 꿈꾼다. 수많은 나무를 품고서 나무마다의 이야기를 가지고 또 다른 공방이 태어나도 함께 자라나는 곳이기를 바란다. 온갖 이야기를 가진 나무와 하늘을 수놓는 별들, 아침에 맺히는 이슬이 가득한, 풍성한 숲과 같은 내 공방들이 모이고 모여 풍성한 공방의 숲을 이루기를 꿈꾼다.

여기저기 기웃거리는 데서 경험이 쌓인다

박람회는 트렌드가 펼쳐진 열띤 무대

나는 20대 시절부터 이것저것 보러 다니는 것을 아주 좋아했다. 그때는 뭐가 뭔지도 모르고 그냥 호기심 채우기 용도로만 보러 다녀었던것 같다. 특히 코엑스 박람회를 좋아해서 연간 회원권을 끊어 정기적으로 방문할 정도였다.

왜 그리 박람회를 좋아했는지 지금 생각해 보면, 매주 다른 주제를 살펴보는 재미에 이런저런 기념품까지 선물로 받을 수 있어 박람회만 다녀오면 부자가 된 느낌이 좋았던 것 같다. 요식업 박람회의 경우에는 미리 시식도 해볼 수 있었기에 시중에 오픈하기 전에 맛볼 수 있다는 장점도 있었고, 반려견 박람회에서는 신기한 반려견 용품이 잔뜩 있어서 구경하는 것만도 재미있었다.

이처럼 박람회는 내가 평소에 보지 못하고 접하지 못하는 것들을 많이 볼 수 있는 기회의 마당이다. 그래서 지금도 박람회는 되도록 가보려고 한다. 특히 리빙 박람회나 공예 박람회, 카페 박람회 등은 볼거리와 즐길 거리가 가득해서 좋다. 종류도 다양한 데다 오감을 만족시키는 현장이다. 무엇보다 현재 유행하는 것이 무엇인지 살펴볼 수 있고 앞으로의 트렌드나 정보를 미리 알 수 있기 때문에 놓치고 싶지 않은 곳이다. 만약 공방 창업을 준비 중이거나 다양한 취미와 호기심을 즐기는 분들이라면 박람회는 꼭 가보라고 권한다.

보는 것이 중요해

박람회에 이어 요즘엔 팝업 스토어를 찾아다니는 것도 꽤 알차다. 브랜드나 상품도 중요하지만 팝업숍만의 스토리를 굉장히 재미있게 연출하는 곳이 많기 때문이다.

내가 잘 가는 팝업숍은 보통 굿즈 판매가 이루어지는 곳이지만 브랜드 경험을 해볼 수 있는 곳도 있고 한정판을 위한 숍도 있으며 팬덤을 위한 이벤트성 팝업숍도 있다. 무엇보다 팝업 스토어는 짧은 기간 동안 운영한 후 사라지는 임시 상점의 성격이 강하므로 마음이 맞는 작가들끼리 모여서 작품을 전시 및 판매하기 위해서는 안성맞춤이라 할 수 있다.

팝업 스토어와 비슷하지만 성격은 조금 다른 편집숍도 내가 자주 찾는 곳이다. 편집숍은 한 매장에 여러 브랜드 제품을 모아 판매하는 곳인데 여기도 트렌디한 제품들이 많기에 자주 가볼 만하다. 이런 곳은 라이프 스타일에 맞는 상품을 판매하기 때문에 특정 카테고리의 제품에 집중하기도 해서 작은 판매를 하는 작가들에게 도움이 많이 된다.

그리고 자신의 감각을 키우기 위해서는 전시회를 자주 가보는 것이 좋다. 내 경우, 전시회 작가는 가리지 않는 편이다. 선호하지 않는 작가의 전시회도 가보고 유명하지 않은 작가일지라도 기회가 닿는 대로 많이 자주 보는 것이 좋다. 그렇게 여러 전시회를 돌아다니다 보면 한 작가의 특정한 작품에 꽂힐 때가 있다. 그런 경험이 쌓이면 어느 날 그날의 기억이 나에게 영감을 주기도 하고 스토리를 얹어주기도 한다. 이것이야말로 보는 것이 중요한 이유이고 보았다는 경험이 주는 특혜다.

도시는 저마다 색다른 체험을 준다

박람회나 전시회, 각종 스토어나 체험 현장 외에도 내가 자주 경험하는 색다른 장소가 있다. 바로 크고 작은 여러 도시들이다. 대도시든 소도시든, 관광 도시든 조용한 도시든 나는 도시 방문을 많이 해보라고 권하고 싶다. 정말 신기하게도 도시를 방문하는 행위 자체가 내 삶에 활력을 많이 준다.

도시는 저마다 분위기가 다 다르다. 비슷한 느낌이 드는 곳이 있긴 하지만 정말 그 어느 한 곳도 똑같은 곳은 없다. 내가 방문한 도시의 이미지나 분위기가 사뭇 삶의 어느 순간과 비슷하다고 느껴지기 시작하면, 그 도시의 이미지는 곧 내 공방에 개성이 묻어나게 하는 하나의 이야기로 재탄생하기 시작한다. 그러면 내 공방에 나만 알 수 있는 특정한 도시의 이미지가 새겨지는 것이다. 이런 과정이 정말 즐겁고 유쾌하다.

도시에 가면 내가 반드시 찾는 곳이 전통시장이다. 특산품을 보는 재미도 있지만, 그 도시와 그 지역 사람들을 있는 그대로 볼 수 있는 곳이기에 가장 즐겨 찾는다. 눈에 보이는 것이 그 자체로 삶을 이야기해주고, 그것이 또 내 삶이나 일에 도움이 되어준다.

요즘은 또 도시마다 도시 프로젝트가 성행하고 있다. 다양한 축제가 열리는 것과 같은 맥락일 것이다. 시에서 시행하는 각종 도시 프로젝트로 도시가 유명해지고 거기에 상업이 커지면서 관광객이 늘어나 부를 가져다준다. 이런 기획으로 문화 공간이 많이 운영되고 있고 다양한 체험이 가능해서 지역사회 경쟁력을 높이고 있다. 나는 이런 공간을 꼭 가본다. 이곳저곳을 둘러보는 경험을 될 수 있는 한 많이 해보길 바란다. 꼭 멀리 갈 필요는 없다. 가까운 곳부터 시작하자.

해보는 것이 중요해

나는 자유인이 되면서 이것저것 배우러 다녔는데 단순히 이론을 배우기보다는 체험하는 클래스 위주로 갔다. 배움에 있어서 방법은 여러 가지가 있지만 나는 몸으로 먼저 배우는 걸 선호한다.

예전에 인라인스케이트로 로드를 달리는 취미가 있었는데 그때도 인라인스케이트 장비를 먼저 구비한 후에 적응하는 훈련을 했다. 몸으로 기본을 먼저 익힌 후에 재미있을 것 같은 생각이 들 때에서야 인라인스케이트를 잘 타는 방법에 대해서 진지하게 공부했더랬다. 처음부터 이론적으로만 접하면 재미를 느끼기 전에 어렵기만 해서 도전하기가 힘들다. 이럴 때 몸으로 기본 동작들을 직접 해보는 것이 좋다는 것을 체험으로 알고 있었다.

사실 이론적인 내용을 알고 하는 것과 모르고 하는 것의 차이는 엄청나다. 하지만 전문적으로 가기 전에 체험 차원에서 나와 잘 맞는지 정도를 체크해 볼 요량으로 먼저 해보는 것을 좋아한다.

내가 전문적으로 파고들기 애매한 경우에는 각종 클래스에서 먼저 체험을 해보는 것이 좋다. 요즘은 원데이 클래스가 많아서 호기심 충족하기에도 좋고 경험을 쌓기에도 좋다. 경험이 많으면 상대적으로 비교하기도 좋고 내 기준을 세우기도 편하기 때문이다.

누구든 의도적으로 무엇을 시작할 때는 성취욕이 필요하다. 성취욕이 해소될 때까지 파고드는 건 당연한 과정이다. 그 과정에 직접 해보고 느껴보는 것은 무엇으로도 바꿀 수 없는 경험이 된다.

감각을 익히는 것이 중요해

감각을 익히는 게 중요하다는 것은 누구나가 아는 이야기다. 당연한 이야기라 따로 할 필요도 없다. 그래도 중요하게 강조하는 이유는 나 자신에게도 중요하다는 걸 다시 한 번 각인하고 싶어서다. 언제나 초심은 중요하고 앞으로 할 거리도 많아지고 있으니 언제 어디서나 전문가로서의 자신감은 놓치고 싶지 않다.

'어디를 가든지 마음을 다해 가라'라는 공자의 말씀은 내가 좋아하는 글귀다. 열심히 하라는 말보다 백배 천배 마음을 움직이는 말이다. 어느 길이건 자신이 선택한 길이라면 최선의 선택이었을 테고 그 선택을 최고로 안전하게 가려면 온 마음을 다해야 한다는 의미다. 그래야 후회도 없고 미련도 남지 않는다.

한번 선택했다면 온 마음을 다해 잘하는 것이 최선이다. 그 최선을 위해서 꾸준히 감각을 익히고 노력해야 한다. 나 스스로에게도 매일같이 되뇌고 있다. 늘 혼자 이것저것 하다 보면 힘들거나 바쁜 이유로 마음이 해이해진다. 우리가 삶에서 리듬이 깨지는 이유는 매우 다양하다. 날씨가 안 좋아서, 컨디션이 나빠서, 기분이 다운되어서 등등. 때로는 아무런 이유가 없어도 우리는 종종 일의 흐름이 끊어지고 마음이 게을러지는 순간을 맞닥뜨린다.

수적천석(水滴穿石). 떨어지는 물방울이 돌에 구멍을 낸다는 뜻으로, 무슨 일이든 끈기로 계속 밀고 나가면 반드시 성공한다는 의미다. 게으름을 피우고 싶고 놀고 싶을 때마다 그렇게 하면 내가 쌓아가고 있는 각고의 노력이 수포로 돌아간다는 각오로 감각을 익히는 작업을 하는 것이 중요하다. 감각을 익히는 일은 지난하고 오래 걸려도 감각을 잃는 일은 매우 빠르고 쉽게 일어나니까. 그래서 오늘도 나는 감각을 익히는 작업을 한다.

응용을 해보는 것이 중요해

응용은 이미 얻은 지식을 다른 분야의 일에 적용해 이용하는 것을 의미한다. 음식으로 치자면 퓨전 요리 같은 것이다. 퓨전 요리를 해내려면 두 분야 이상의 음식에 능숙해야 가능하다. 이런 내공을 쌓기 위해서 얼마나 연습하고 공부해야 할까?

'공부'에 대해서 진지하게 생각해본 적이 있다. 이전까지 나는 공부란 그저 책을 읽고 암기하고 이를 기억하려고 반복하는 행위라 생각했다. 아니면 시험을 보기 위해 또는 성적을 잘 받기 위해 무작정 외우고 문제를 풀던 것이 공부의 전부라 생각했다.

그런데 어느 순간 사전에 나온 '공부(工夫)'를 찾았다가 '학문이나 기술을 배우고 익히는 것'이라는 말을 보게 되었다. 배우는 것은 가르침을 받는 것이겠고, 익히는 것은 무슨 의미일까? 이는 '자주 경험해 능숙하게 하다'라는 뜻이다. 결국 배운 후에 내가 능숙하게 할 줄 알아야 공부에 성공한 것이 된다. 그리고 '응용'이라 함은 내가 배운 것을 능숙하게 하다 보면 어느새 새로운 것에 도전할 능력이 생기는 것을 말한다.

공예 작가는 이런 공부가 꼭 필요하다. 한번 배웠다고 끝이 아니다. 새로운 것도 봐야 하고 익혀야 하고 창작해야 하는 것이다. 이런 것을 추구하지 않으면 이 직업은 매우 힘들어질 수 있다. 거기다 앞으로 전진하고 발전해나가는 작가가 되려면 꾸준한 공부가 필수다.

특히 자기만의 브랜드를 갖고자 한다면 응용은 필수다. 캔들 품목은 레드오션이기에 그 틈에 끼어들려면 나만의 창작품이 꼭 필요했다. 이런 여러 가지 상황에 따라 나만의 시그니처가 필요하기에 응용품 개발에 소홀히 해서는 안 되었다. 그래서 응용을 고민한 결과 소잉을 추가로 배우게 되었고 지금은 캔들과 소잉을 내 작품 활동의 두 개의 큰 축으로 세우는 중이다. 생활 전반에 필요한 것을 만드는 것에는 소잉이 제일이다. 옷도 만들 수 있고 소품도 만들 수 있고 하물며 재활용할 아이템도 많다.

역시 갈 길이 멀지만 그래도 전문가로서의 응용작을 조만간 내보려 오늘도 열심히 고민에 고민을 거듭하고 있다. 응용이 가능해지면 프로로서의 자부심도 올라갈 것이다. 그리고 무엇보다 나 자신이 가장 신나고 즐거울 것이다. 힘내자!

부록

미니멀 라이프와 공방에 대해 궁금한 5가지 질문과 답변

Q1. 미니멀 라이프를 실천하는 데 가장 중요한 마음가짐은 무엇일까요?

미니멀 라이프에 한번 도전해 보고 싶습니다. 현재 집이 좁은 것은 아닌데, 이것저것 물건들이 너무 많은 것 같고, 그래서인지 같은 평수에 사는 지인 집보다 훨씬 좁아 보입니다. 제가 물건 욕심이 많은 것도 아닌데 집 관리가 이런 것을 보니, 무언가 잘못하고 있는 것 같아요. 미니멀 라이프에 관한 도서를 보고 유튜브도 보긴 하는데, 하는 방식은 거의 비슷한 것 같더군요. 우선 가지고 있는 물건을 모두 꺼내놓고 버려야 할 것, 보류할 것, 쓰는 것 등으로 분류한 뒤에 결정하라는 식입니다.
그런데 물건에 대한 욕심을 버린다는 게 쉽지만은 않습니다. 새로운 상품이 나오면 나도 모르게 손이 가고, 또 '신상'에 대한 홍미와 관심을 끄는 것도 쉽지 않아요. 어떤 마음을 먹는 게 좋을까요?

A1. 복잡한 것을 풀어가는 과정을 즐길 줄 알아야 합니다.

많은 분들이 미니멀 라이프에 대해서는 이런저런 정보를 많이 알고들 있습니다. 워낙 방송 등에 많이 나오기도 했고, 관련 서적도 많으니까요. 또 미니멀 라이프가 '단순한 삶'이며 '최소한의 소유로 평안한 삶을 영위한다'라는 정의도 알고 있지요. 개념과 정의를 머리로는 알고 있다는 것이지요. 하지만 머리로 아는 것과 이를 적용하는 것은 다른 문제입니다. 미니멀 라이프에서 가장 중요한 것은, 그 삶의 방식을 어떤 과정과 절차에 따라 실행하느냐입니다. 누구나 알고 있지만 실천하는 과정이 어려운 게 이런 이유 때문이지요.

물건에 대한 소유욕은 누구나 있습니다. 이렇게 평범한 일상을 보내던 분들이 갑자기 미니멀 라이프를 하겠다고 선언하면 가장 힘든 것이 소유에 대한 집착이나 관심입니다. 이것을 의외로 놓지 못하는 분들이 많습니다. 저는 소유에 대해 진지하게 생각해 보라고 권해드립니다. 머리로 말고 마음으로 말이지요. 소유에 대해 깊이 생각하고 성찰하는 과정은 지루하고 또 반복적으로 해야 하는 과정이어서 당연히 힘이 듭니다. 거기다 생활 습관에 미치는 영향도 많아서 자리 잡지 못한 미니멀리즘과 충돌

되는 상황이 생기면 현실과 타협해버리는 상황도 생기지요. 그러나 이 과정을 잘 정리하고 나면 그때부터는 어렵지 않게 미니멀한 삶을 즐기고 누릴 수 있게 됩니다. 무엇이든 배움에 있어서 경지에 오르려면 그 과정이 지난한 것과 같지요. 그러니 이 과정을 무시하시면 절대로 안 됩니다.

무엇보다 미니멀이 좋은 건 아는데 나는 안 된다고만 선을 긋는 것도 아쉬운 점이에요. 중요한 것은 미니멀 라이프로 내가 무엇을 누릴 것인지에 대해 고민해 보고 천천히 실천해가는 과정을 즐기라고 말씀드리고 싶어요. 중간중간 힘들 수 있는 시간도 급하게 하려 하지 마시고 좀 길게 여유 있는 호흡으로 적응해가기를 추천합니다. 미니멀 라이프가 습관이 된다면 그것만큼 단순명료하고 좋은 게 없습니다.

Q2. 저는 미니멀 라이프를 원하고 남편은 반대합니다. 합의점을 찾을 수 있을까요?

저는 남편과 둘이 살고 있는 신혼부부입니다. 결혼한 지 얼마 되지 않았지만 앞으로 많은 부분을 남편과 공유하면서 잘 살아가고 싶은데, 사실 경제 관념에 차이가 납니다. 저는 미니멀리즘이 좋아서 미니멀 라이프로 신혼을 시작하고 싶은데 남편은 맥시멀리즘까지는 아니지만 소비와 버리기가 안 되는 사람이에요. 어떻게 하면 미니멀 라이프가 가능할까요?

A2. 조급한 마음을 버리고 작은 것부터 소통해나가야 합니다.

우선 미니멀 라이프는 혼자서 해도 자유롭지 못한 경우가 다반사입니다. 현실과 타협을 해야 하는 부분이 무조건 생겨요.

예를 들면 일회용품을 쓰지 않기로 마음먹은 사람이 어느 날 텀블러를 잊어버리고 외출했다고 해서 커피숍에서 또 다른 텀블러를 돈 주고 사서 거기에 커피를 담아 나올까요? 대부분은 그날만 예외적으로 일회용 테이크아웃 컵을 사용해서 커피를 마실 것입니다. 텀블러나 리유저블 컵을 사용하는 게 자신의 원칙에 맞긴 하지만 예외적인 상황을 전혀 고려하지 않을 수는 없으니까요.

이런 사소한 경우 말고도 살다 보면 내가 세운 미니멀 라이프에서 벗어나는 상황이 자주 생길 텐데, 이때마다 세상과 부딪칠 필요는 없습니다. 하물며 사랑하는 사람과의 결혼생활에서 이것 때문에 사사건건 부딪쳐가며 살아갈 필요는 없지요. 시간이 걸려도 함께 간다 생각하고 조금씩 하나씩 상대를 나의 미니멀리즘으로 물들여나가는 방식을 권합니다.

내가 남편보다 한 발만 앞서 걷는다 생각하고 먼저 미니멀 라이프를 실천하면서 천천히 남편에게 권해보는 방식이 좋습니다. 일례로, 남편이 아주 마음에 들어할 만한 디자인의 텀블러를 선물하고 둘이 외출할 때는 남편 것도 같이 가방에 넣어 갔다가 커피숍에서 주문할 때 꺼내놓는다든지, 신발장의 신발을 같이 정리한다든지 하는 방법으로요. 미니멀은 누구든지 한 번에 안착되지 않아요. 꾸준한 습관으로 긴 시간 노력해야 가능하다는 걸 잊지 마세요.

Q3. 저자님이 생각하는 '집'의 개념은 무엇입니까?

공간 습관이나 생활 습관이 중요한 것은 알겠습니다. 그런데 저자님이 생각하는 집의 개념은 무엇일까요? 무조건 좁은 집에 사는 것은 아닌 것 같습니다. 공간 활용을 얼마나 유용하고 효율적으로 하는지가 중요한 것도 알겠고요. 그런데 반드시 미니멀리즘을 실천해야 하는 것인지, 그냥 소유욕은 소유욕대로 유지하고 이를 충족시켜줄 더 넓은 공간의 집을 구하면 되는 것 아닐까요?

좁은 공간에 적응하기 위해 미니멀 습관을 들이고, 이를 내 삶에 녹아들게 하기까지 시간이 많이 걸린다면 그 시간까지 힘을 빼며 힘들게 적응하는 것보다 마음 편히 주거비용이 저렴한 지방으로 내려가 마음 편하게 사는 것이 저자님이 강조하는 진정한 욜로가 아닐까 싶기도 합니다. 저자님이 생각하는 집, 공간의 개념은 무엇인지요?

A3. 중요한 것은 미니멀이냐 욜로냐보다 '자기만의 확실한 세계'가 있느냐 같습니다.

제가 즐겨보는 넷플릭스 프로그램이 있습니다. 〈건축탐구-집〉이라는 프로그램인데요. 건축가가 특정한 집을 방문해서 여러 방면으로 탐구하고 집주인을 인터뷰하는 방식입니다. 일종의 다큐멘터리 프로그램이지요.

여기에 나오는 집주인들은 집에 대한 애착이 남다르고 생활방식도 다 달라요. 방송 카테고리는 '건축'인데 촬영된 영상을 보면, 다양하고 아름다운 '삶'에 대한 이야기로 가득 채워져 있습니다. 집마다 '테마(주제)'도 다르고 집을 지은 재료도 다르고 주변 환경도 달라서 각각의 집이 모두 달라요. 이게 정말 신기합니다. 절대 비슷한 집조차 찾을 수가 없어요. 분명히 건축물을 짓고 그 안에서 사람이 살아가는 이야기지만, 한 편 한 편이 각기 장르가 다른 영화를 보는 것 같습니다.

저는 집이야말로 사람의 세계관을 보여주는 공간이라고 생각해요. 물론 대한민국은 과반수가 아파트라는 주거 형태에 살고 있지만, 그래도 집마다 그 주인의 정서와 취미, 그리고 생활 태도가 엿보이는 것은 분명합니다. 더구나 건축된 집이라면, 그런 개성은 더 빛을 발하지요. 집이라는 틀 아래 자기만의 세계가 확실하다는 것이 중요합니다.

각자 생각한 집에서 각자의 방식대로 살면 됩니다. 다만 자신이 중요하다고 생각하는 것에 집중하면 되겠지요. 누구나 다 미니멀리즘을 추구할 필요는 당연히 없습니다. 저는 이왕 욜로할 거 미니멀 라이프를 즐기면 더 풍요로운 욜로 생활이 가능하다고 믿고 있기에 이를 실천하는 것뿐이지요.

Q4. 미술 전공자가 아닌데 공방을 운영할 수 있을까요?

30대 직장인입니다. 직장 생활을 한 지는 7년 정도 되었어요. 그런데 만들기를 좋아합니다. 얼마 전 동네에 작은 공방이 생겼는데 거기서 소잉 강좌를 한다기에 가서 배워보려고 한 달 정도 다니는 중입니다. 그런데 직장 생활 대신 이 공예를 배워서 공방을 차려보고 싶다는 생각을 했어요. 그런데 미술을 전공하지도, 공예과를 나오지도 않은 사람이 도전할 수 있을까요?

A4. 얼마든지 가능합니다.

공방을 차리겠다는 목표로 공방에 배우러 가는 거면 이미 도전하신 것과 다름이 없다고 생각합니다. 망설임 없이 시작하셔도 좋을 만큼 의지도 있어 보이고요. 다만 미술 전공자가 아니어서 불안한 마음은 있겠지만, 공방을 운영하는 데에는 큰 걱정을 하지 않아도 됩니다. 전공자이든 비전공자이든 센스와 철학은 자신의 노력 여하에 달려 있으니까요. 부족한 부분은 채워나가면 됩니다. 전혀 문제가 되지 않아요.

저는 공방을 차리려는 사람들에게 전공 여부보다는 어떤 공방을 차리고 운영할 것인지 공방의 정체성을 고민하고 그것을 세워가는 게 더 중요하다고 말씀드립니다. 그리고 현재 배우러 다니는 공방이 앞으로 자신이 차릴 공방의 모체가 되는 것이니 여러 가지 면에서 꼼꼼하게 커리큘럼을 따져보고 더 세심히 체크하라고 말씀드리고 싶습니다.

전문가 과정의 내용이나 수업 진행 중에 어떤 특별한 커리큘럼이나 방식, 또는 절차가 있는지 그리고 공방을 낼 때 어떤 혜택이 있는지 등에 대해 미리미리 공방 선생님에게 문의해야 합니다. 공방 선생님과의 유대가 중요한 시점이에요. 만약 문의에 대해서 답변을 제대로 받지 못했다면 공방을 다시 찾을 필요가 있어요.

소잉은 절대 혼자서 오픈할 수 없는 아이템입니다. 머신도 비싸고 준비 품목도 다양하고 클래스 운영에도 많은 준비가 필요합니다. 전문가 과정 자체가 긴 시간을 요하기 때문에 수업과 공방 오픈을 위한 전체 일정을 꼭 체크하고 공방 선생님과 수시로 소통하기를 바랍니다.

다시 한 번 더 강조하지만 소잉이나 캔들을 위주로 하는 공방에서는 미술 전공 여부가 중요하지 않습니다. 중요한 것은 현재 받고 있는 소잉과 캔들 수업의 커리큘럼과 가르치는 선생님과의 소통입니다.

Q5. 현실적으로 공방을 창업해서 먹고살 수 있나요?

공방에 뜻을 두고 캔들을 배우고 있는 주부입니다. 아이를 낳고 기르면서 경력 단절이 되었고 오랜 시간 육아에 매진하느라 사회생활의 감이 떨어질 대로 떨어져 있습니다. 자신감이 부족하기도 하고요. 사실 운영이나 사람들 관계를 잘해나갈 수 있을지 의문이 많습니다. 제가 배우고 있는 공방에서도 조언을 많이 해주기도 하고 응원도 해주고 있습니다. 그래도 걱정이 되는 건 어쩔 수 없는 것 같아요. 선생님이 보시기에 어떤지 문의드립니다.

A5. 제 경우를 말씀드리겠습니다.

공방을 오픈하고도 한동안은 힘들 수밖에 없어요. 주변에 개인사업을 하는 많은 분들이 몇 개월 동안 벌이가 너무 시원찮아서 힘들었다고 해요. 공방뿐만 아니라 어떤 업종이든 쉽지 않을 거예요. 그럼에도 공방을 시작해서 뜻을 이루는 데 목표가 있으면 돼요. 어영부영 마음으로는 절대로 운영이 제대로 되지 않아요. 큰 목표가 아니어도 돼요. 목표를 크게 잡아서 그것을 향해 가라는 이야기가 아니에요. 제가 말하는 목표는 공방이 현재는 안 되지만 앞으로는 해야 되는 것과 완성되어야 하는 것들을 목표로 잡고 해나가는 것을 말해요. 공방은 공방의 주인 역량이 중요한 업종이에요. 그러니 자신의 역량을 계속 채워나가야 한다는 거죠. 창업을 준비하면서 배우는 만큼 창업한 후에도 계속 배우고 만들고 상품을 늘려가는 방향으로 초점을 맞춰야 하는 거죠.
이런 마음이 차곡차곡 쌓이고 업이 쌓이면 자신감이 부쩍 차오를 거예요. 그때에 맞추어 계속 판매를 늘려나가면 됩니다. 자신감은 굳이 억지로 표현하려고 하기보다 자연히 드러나는 자신감이 매우 돋보여요. 돋보이는 자신감은 고객에게 매우 신뢰를 줘요. 그럼, 당연히 고객이 늘어나겠죠. 신뢰감을 주는 공방은 사람들과의 관계도 매우 좋아져요. 그러니 걱정 않으셔도 됩니다.
그것보다 고객과의 관계를 급하게 만들어나가려고 하시면 장삿속으로만 보이기 때문에 시간을 두고 다가가시라고 말씀드립니다. 이미 창업을 목표로 하시는 거면 반 이상 왔다고 봐도 무방합니다. 이제 잘해야 한다는 걱정은 접어두시고 공방의 미래에만 신경 쓰면 어떨까요.
그리고 저는 캔들을 주변에 많이 선물했어요. 특히 집들이 선물로 했더니 반응이 좋았어요. 인테리어에 좋은 오브제 역할도 되고 무엇보다 핸드메이드 제품의 선물이라 받는 이들도 좋아하더라고요. 그래서 평소에 선물을 자주 하는 편이에요. 간접 광고가 돼서 좋은 효과가 있어요.

에필로그

"선생님, 저는 왜 다른 사람들만큼 못 따라갈까요."

"음, 특별히 문제될 것은 없어요. 예를 들면 세상에는 많은 종류의 그릇이 있어요. 그런데 다른 사람보다 작은 그릇으로 태어났을 뿐이에요. 작은 그릇이다 보니 담기는 양이 적겠죠. 그릇이라는 모태는 정상이에요. 하지만 적은 양으로도 꽉 차기 때문에 몸이 다른 분들에 비해 빨리 지칠 뿐이에요. 그러니 걱정 안 하셔도 되고 지극히 정상이며 그에 맞게 활동하시면 돼요."

하지만 나는 타고난 체력보다 활동량이 많아서 늘 탈이 나고는 한다. 매일 출근하면서 야근을 밥 먹듯 하고 주말에는 야외에서 힘을 뺐더니, 어느 날 몸에 일시적 마비가 왔다. 이유 없이 마비가 왔다가 1시간 만에 마비가 풀리더니 결국은 몸져누웠다. 곧 병원에서 몇 가지 검사를 받았는데 결과는 정상으로 나왔다. 몸은 힘든데 결과는 정상이라니. 믿을 수 없어서 다른 병원에도 가보았지만 정상으로 나온 건 똑같았다. 결국 마지막으로 한방병원에 갔더니 의

사 선생님이 해준 답변이다.

그냥 타고난 체력이 보통 사람들보다 조금 못하다는 거란다. 그러니 몸 쓰는 것을 줄이라고 한다. 나에게는 정말 안타깝기 그지없는 답변이다. 그래도 사지는 정상이라니 다행인 건가.

나는 이 시기에 나의 활동량에 비해 축나는 육체의 딜레마에 대해 진지하게 고민할 수밖에 없었다. 밖에서 활동하는 것이 나에게는 힐링이었는데, 이제 힐링은 어떻게 무엇으로 해야 하나. 도대체 20대인 내가, 펄펄 넘치는 호기심은 어떻게 풀어야 되나, 엄청나게 고민만 했었다. 고민에 비해 해결책을 얻지 못하고 헤매기만 했을 뿐이다. 40대인 지금에서야 앉아서 할 수 있는 여러 가지를 찾았지만 그때는 정말 내가 할 만한 것은 야외에서만 할 수 있는 것들뿐인 것 같아서 절망적이었다.

30대에도 앉아서 하는 일을 찾지 못하고 결국은 산악회에 가입했다. 하지만 몸이 따라주지 않는 건 또 싫어서 다른 방법을 찾게 되었다. 레저는 좋아하지만 운동은 싫어했던 나지만 그래도 밖으로 돌아다니려면 운동을 해야 했다. 거금을 들여 PT를 받고 근력을 열심히 키운 후에 등산을 다니는 것이 내가 찾은 방법이었다. 이것도 7년째가 되니 결국은 무릎에 통증이 발병되어 그만두게 되었다.

다양한 방법으로 노력해도 안 되는 것이 있긴 했다. 체력이나 근력 문제는 끊임없이 나를 괴롭혔다. 그래도 호기심은 없어지지 않았다는 것이 나의 단점일까, 장점일까. 결국은 어엿한 공방 주인으로 거듭나는 쪽으로 호기심을 불태웠다. 이것도 결국은 나의 길인가 보다. 몸을 육체적으로 불태우지 않아도 되고 대신에 정신적으로 불태우니 나름 나의 열정을 불태울 수 있는 분야를 찾은 것이다.

다시 그때로 돌아가더라도 역시 나는 밖으로 돌아다니면서 힐링을 했을 것이다. 이런 결론을 내는 이유는 무엇이든 끝까지 해봐야 한다는 지론에 변함이 없기 때문이다. 나는 무엇이든 시작하면 못할 때까지, 아니면 지겨워질 때까지 했었다. 중간에 그만두더라도 내 마음에서는 할 만큼 했다는 결론이었기에 후회가 들지 않았다.

아직도 나는 과거에 했었던 그 어떤 활동도 후회가 드는 것은 없다. 그만큼 그 과정에 쏟아부은 열정이 있었고 성공 여부와 상관없이 뿌듯한 성취감이 남아 있기에, 현재에 있어서도 미련이 남는 것이 없다.

현재 나는 여태까지와 같이 또 열정을 불태우고 있다. 하물며 더 통 크게, 오지랖을 걷고서. 이때다 싶은 타이밍, 적절하게 그리고 우아하게.

북큐레이션 • 일상의 공간에서 새로움을 추구하는 이들을 위한 책

《정리는 깔끔하게, 일상은 미니멀하게 공방 창업합니다》와 함께 읽으면 좋은 책. 지금 살아가는 인생에서 새로운 변화를 꿈꾸는 당신을 응원합니다.

잘 팔리는 부동산은 따로 있다

장미정 지음 | 16,000원

**낡고 오래된 집도, 교통이 불편한 집도
더 높은 가격에 팔리는 신개념 부동산 재테크**

홈스테이징은 리모델링보다 적은 비용으로 주택의 가치를 빠르게 상승시킬 수 있는 효과적인 재테크 비책이다. 집을 상품으로 생각해 판매자의 마음에 들도록 해서 주변 매물보다 '더 사고 싶게' 만든다. 그러면 더 높은 가격으로 더 빠르게 팔리게 되는 것이다. 게다가 집에만 적용하는 것이 아니라, 비거주용 부동산에도 충분히 적용할 수 있다. 이 책은 색채 계획, 동선 계획에 따라 가구와 소품을 배치하는 방법을 안내한다. 또한 거실, 부엌, 침실 등 공간별 핵심 홈스테이징 포인트를 알려준다.

인테리어 재테크

이지현 지음 | 15,000원

**수시로 바뀌는 부동산 정책,
수익 돌파구를 찾아라!**

이 책은 임차인 입장에서 살고 싶어 안달 나는 집을 만들어 부동산 수익을 올리는 투자법을 소개하고 있다. 저자는 하우스스타일링이라는 자신만의 투자 방법을 착안하고 공실 없는 임대 수익을 올리고 있다. 초보라서 몰랐던 공인중개인 대하는 법, 하자 없는 집 고르는 법, 인테리어 하는 법 등 저자가 하나하나 시행착오를 거쳐 터득한 노하우를 이 책에 모두 담았다. 또한 그 어떤 책에서도 볼 수 없었던 공실 없이 원하는 임차인을 골라 임대를 놓는 방법을 소개하고 있다.

ZZIN 디지털 노마드 창업

류희은 지음 | 14,500원

사무실로 출근하지 않아도
근로소득 만드는 디지털 노마드 창업!

이 책은 현시대에 가장 알맞으면서도 즐겁게, 어렵지 않게 시도할 수 있는 '디지털 노마드 창업'에 대해 소개한다. 대학교 2학년에 월 1,000만 원을 벌기 시작하면서 20대에 벌써 미니 은퇴를 선포한 저자는 스타트업, 프리랜서, 1인 기업까지 다양한 경험을 해왔다. 이를 바탕으로 스타트업, 프리랜서, 1인 기업의 차이점을 설명하며 왜 디지털 노마드 창업이 좋은지, 디지털 노마드 창업을 위해 꼭 필요한 것, 디지털 노마드 회사 운영기, 꾸준히 디지털 노마드 라이프를 즐기는 방법 등을 알려준다.

스탠퍼드는 이렇게 창업한다

강환규 지음 | 15,000원

창업을 꿈꾸는 당신의 손에
들려 있어야 할 행동 지침서!

저자는 무한 경쟁의 시대, 창업가의 핵심 역량과 창업 방식을 스탠퍼드 교육과정에서 찾는다. 이 책에는 한국보다 20배 더 뜨거운 창업 열풍을 불러일으킨 스탠퍼드대학교의 핵심 노하우가 담겨 있다. 혁신, 창의, 기술을 리드하는 창업의 성공 공식과 이를 바탕으로 스스로 창업 역량을 키울 수 있는 핵심적인 라이프 스킬과 역량이 소개된다. 저자가 소개하는 스탠퍼드 방식을 따른다면 자신과 세상을 성장시키는 창업을 하게 될 것이다. 그리고 당장 창업을 꿈꾸지 않은 사람들이라면 '회사 일에서부터 프로페셔널해질' 것이다.